खेल और आध्यात्मिकता

खेल और आध्यात्मिकता

वीणा वर्मा

स्पोर्ट्स पब्लिकेशन्स
23/23–B, EMCA हाउस, अंसारी रोड़,
दरिया गंज, नई दिल्ली–110002
दूरभाष: (ऑफिस) 55749511 (मो.) 9868028838
(निवास) 27562163. ई–मेल: lakshaythani@hotmail.com

प्रकाशन द्वारा:

स्पोर्ट्स पब्लिकेशन्स

23/23–बी, EMCA हाउस, अंसारी रोड, दरियागंज, नई दिल्ली–110002

दूरभाष: (ऑफिस) 55749511 (निवास) 27562163 (मो.) 9868028838

ई–मेल : lakshaythani@hotmail.com/ektathani@hotmail.com

प्रथम संस्करण: 2006

अ0मा0पु0सं0 – 81–7879–345–8

भारत में प्रकाशित

लेज़र टाइपसेटिंग द्वारा :

जैन मीडिया ग्राफिक्स

C-4/95-A, केशव पुरम्, (लारेन्स रोड़) दिल्ली-110035 मोबाईल: 9911151534

मुद्रक:

चावला ऑफसेट प्रिन्टर्स

दिल्ली–110052

मूल्य : 95/–

विषय-सूची

प्रस्तावना

अब तक मेरी चार किताबें पहले प्रकाशित हुई हैं। और पाठ्कों के द्वारा पसन्द की गई हैं, जो कि मुझे प्रेरित करती हैं कि मैं एक किताब आध्यामिकता पर और लिखूं।

आज संसार में विज्ञान और प्रौद्योगिकी शिखर पर है। लेकिन सारी प्राप्तियाँ, सारे संसार में फैले भ्रष्टाचार और आतंक की आग से नष्ट होंगी, यदि हम कुछ समय में परमार्थता और आध्यात्मिकता के क्षेत्र में कोई प्रगति नहीं करते।

यह विज्ञान का संसार युद्ध के संसार में बदल जाएगा और नष्ट हो जाएगा यदि आध्यात्मिक कीमतों की जागरूकता की ओर सही कदम नहीं उठाए गए केवल मशीनी प्रगति वास्तविक संतुष्टि नहीं दे सकतीं यह चारों तरफ बुराईयाँ फैलाएगी और हम उसी जगह पहुँच जाएंगे जहाँ पर हमने प्रगति शुरू की थी। बीता इतिहास एक वास्तविक प्रमाण है और अमेरिका एक वर्तमान प्रमाण है। जब संसार की सबसे ऊंची इमारत नष्ट हुई थी। इसलिए हमें वास्तविक जीवन के मूल्यों के विश्वास और उदय के लिए गहरी सोच चाहिए।

मैंने इस दिशा में कार्य करने की एक छोटी-सी कोशिश की है और एक पुस्तक लिखी है जिसका नाम खेल और आध्यात्मिकता है।

यह पुस्तक आध्यात्मिकता की ओर जाने का रास्ता दिखाती है। उसका अर्थ जानने के लिए से कहां से शुरू करें।

हमें इसे विद्यालय स्तर से आरम्भ करना चाहिए तभी यह केवल हमारे खून और नसों में बहेगा। सभी बढ़ते हुए जानते हैं आध्यात्मिक

मूल्यों के बारे में और वे ही अपने से छोटे को सिखाते हैं। लेकिन देखा जाता है कि छोटे अपने से बड़ों का अनुसरण नहीं करते हैं और आप के गुरू या संत भी दूसरों को अपने पास आने के लिए उपदेश देते हैं तब प्राकृतिक की वास्तविक कीमत शिक्षा और उपेदश में ही केवल खो जाती है। प्रत्येक व्यक्ति पढ़ाता और उपदेश मौखिक देता है और प्रत्येक मौखिक रूप में ही सुनता है। वहाँ वास्तविक आवेदन नहीं है। इसलिए मौखिक और मौखिक निर्देश को व्यवहारिकता में बदलना चाहते हैं। और यह सब विद्यालयों की सहायता से ही सम्भव है।

हमारी सभ्यता को उठाने के लिए हम हमारे राष्ट्रीय और धार्मिक त्यौहार मनाते हैं लेकिन त्यौहारों को समर्पण में बदलना चाहिए। त्यौहार नहीं, केवल समर्पण हमें सच्ची प्रगति और वास्तविक उन्नति की ओर ले जाने का सही रास्ता है। समर्पण का अर्थ है–हमारे व्यवहार में सभी अच्छी बातों को अपनाना।

आओं अब खेलों के बारे में बात करें।

आज हमारे पास खेलों का अलग संसार है। खेलों में सभी प्रकार के आमोद-प्रमोद और सभी प्रकार की दौड़, सभी प्रकार के आसन और सभी प्रकार के व्यायाम आते हैं।

इस शताब्दी में खेलों में फैला, बहुत फैला, पूर्णतया फैला क्षेत्र है। यह आज की पीढ़ी के लिए एक आश्चर्यजनक चरित्र-निर्माण का एक हिस्सा बन गया है।

खेल आध्यात्मिकता के बिना अधूरे हैं। वास्तव में कोई भी शिक्षा प्रणाली, चाहे वो विज्ञान, कला, वाणिज्य हो बिना आध्यात्मिकता के पूरी नहीं है। आध्यात्मिकता और खेलों का एक सुंदर और उपयोगी मिश्रण है जिसमें योग, प्राणायाम और विभिन्न मुद्राएँ शामिल हैं। जो खेलों का भी एक हिस्सा हैं। आज के जीवन में हमें खेलों और आध्यात्मिकता की

क्यों आवश्यकता है–यह इसलिए है क्योंकि आज का जीवन बहुत सी बीमारियों के कारण नाजुक हो गया है। लोग कई प्रकार की बीमारियों (स्वास्थ्य की समस्याएं) से घिरे हैं। आज के नाजुक जीवन में चिन्ताएँ और परेशानियां लोगों में है जो उनके लिए बड़ी स्वास्थ्य समस्याएं बन जाती है। जो हमें हमेशा हमारे अभिन्न मित्र या हमारे रिश्तेदार, प्रत्येक के जीवन में दवाइयों के ढ़ेर के साथ मिलती है।

इस तरह सभी प्रकार की चिन्ताएं, परेशानियां और सभी प्रकार की बीमारियों को दूर रखना होगा, इसके लिए दैनिक जीवन में खेलों और आध्यात्मिकता को महत्त्व देना होगा।

एक स्वस्थ जीवन जीने के लिएं हमें एक स्वस्थ शरीर में स्वस्थ मस्तिष्क की जरूरत है जो केवल प्रत्येक को बचपन से ही उसकी आदत में खेल और आध्यात्म को शामिल कर लेने से सम्भव है।

एक अलग और नया ढांचा तैयार करने के लिए आध्यात्मिक वातावरण की जरूरत है जो हमारे बीते गुरुकुलों में होता था।

हमारी कीमती भारतीय संस्कृति प्रकृति के द्वारा आध्यात्म बन चुकी है। सभी भारतीय जन्म से ही कम या ज्यादा आध्यात्मिक होते हैं। लेकिन आज के वातावरण ने उनको विदेशी प्रभाव में बदल दिया है और हमारे बच्चे भी विदेशी संस्कृति से प्रभावित हो रहे हैं।

इसलिए हमारी पीढ़ी को वापिस उसी ऊंची संस्कृति की कीमत (मूल्य) बतानी चाहिए। हमें खेल और आध्यात्मिकता दोनों को इकट्ठे हमारे विद्यालयों में लाने की जरूरत है। आध्यात्मिक होने के लिए हमें साधु या सन्यासी होने की जरूरत नहीं है। हम प्रतिदिन आगे लिखे आध्यात्मिक मूल्यों को प्रयोग करके भी आध्यात्मिक बन सकते हैं।

– वीणा वर्मा

1

खेल और आध्यात्मिकता की महत्ता

पुराने समय में हमारे गुरुकुलों में खेल विद्यार्थियों के पाठ्यक्रम (पाठ्पुस्तकों की सूची) का मुख्य हिस्सा थे। गुरुकुल का एक आध्यात्मिक वातावरण खेलों को महत्ता देने के लिए प्रयोग किया जाता था। आध्यात्म और खेल एक ही किनारे ले जाने के लिए प्रयोग होते थे।

आज के पाठ्यक्रम में खेल अपना हिस्सा (Role) खेल रहे हैं परन्तु इसकी महत्ता, पढ़ाई की महत्ता से कम हो चुकी है सिर्फ शिक्षा प्रणाली की प्रबलता और सिद्धान्तों के द्वारा।

जैसा हम देखते हैं कि कक्षा में पढ़ते समय अध्यापक और विद्यार्थियों के बीच एक दरार होती है, उनके बीच में बातचीत (व्यवहार) में कमी होती है। जबकि खेल के मैदान में वे अध्यापक/अध्यापिका के नजदीक होते हैं। वहां उनमें पर्याप्त बातचीत होती हैं यह बच्चे को प्रकाशकरण देता है और वो दूसरी छिपी प्रतिभाओं को प्रस्तुत करते हैं।। वस्तुतः सभी बच्चे जन्म से प्रतिभावान होते हैं, बजाय कुछ के। इसलिए उनकी रचना करने की, उन्हें प्रेरित करने की, उन्हें उत्साहित करने की जरूरत है।

एक आध्यात्मिक व्यक्तित्व को खेलों से प्यार होता है। इसका

उदाहरण हमारे महान् नेता जैसे–महात्मा गांधी, सुभाष चन्द्र, सरदार पटेल, जवाहरलाल नेहरु हैं। वे सभी खेलों से प्यार करते थे और खिलाड़ी भी कहे गए। खिलाड़ियों की आत्मा उनमें थी।

खिलाड़ियों की आत्मा से तात्पर्य (अर्थ) पूरा धैर्य जीतने के जैसा ही हारने पर भी, लगातार आत्मा की प्रतियोगिता रखना पूरी ईमानदारी के साथ जीतकर किसी न किसी ढंग से जीतना खिलाड़ी की आत्मा नहीं है। ईमानदारी से जीतना और दूसरों की सहायता करने में सहयोग करना एक खिलाड़ी के व्यक्तित्व की मुख्य विशेषता है।

खेल बच्चों का चारों ओर से निर्माण करते हैं। एक औसतन बच्चा, यदि वह खेलों में ऊपर आता है, तो अपने आप ही वह पढ़ाई में भी ऊपर आता है।

आध्यात्मिकता और खेल एक दूसरे के प्रतिनिधि नहीं है, ये एक दूसरे के प्रशंसनीय है। यदि आप एक खिलाड़ी है तो सुबह जल्दी उठकर अपने शरीर को गरम करना (व्यायाम द्वारा) पसन्द करते हैं। और एक प्रातः का व्यायाम अपने आप में बहुत बड़ा आध्यात्म है। प्रातःकाल जब थोड़ा सा अंधेरा हो तो आप प्रकृति के समीप आ जाते हो, तो आप भगवान के भी समीप होते हो। प्रातःकाल की आध्यात्मिक शक्ति आपका जीवन और जीवन-शैली बदल देती है।

इसलिए एक खेलने वाला व्यक्ति जब प्रातः जल्दी उठता है, तो अपने आप ही आध्यात्मिक हो जाता है। प्रातः की ठंडी और सुहावनी हवा उसे उसकी सब चिंताओं से मुक्त कर देती है और वो ठंडा (शांत) और आध्यात्मिक व्यक्तित्व वाला बन जाता है।

इसलिए वहां बच्चों के लिए गुरुकुल का वातावरण नियुक्त करना अनिवार्य है। ऐसा इसलिए क्योंकि अपने घरों में, बच्चे देर रात तक टी.वी. (चलचित्र) देखते हैं और जल्दी नहीं उठते। ऐसा इसलिए है,

क्योंकि माता-पिता भी देर तक सोते हैं, और देर तक ही उठते हैं। जब माता-पिता एक अनुशासन का पालन नहीं कर पाते तो वे अपने बच्चों को कैसे पढ़ा-लिखा सकते हैं।

इसलिए एक बार दोबारा से धरती पर ऋषियों और मुनियों की सभ्यता लाने के लिए गुरुकुल खोलने की जरूरत है और केवल निःस्वार्थी अध्यापकों को नियुक्त करने की जरूरत है।

अब इस युग में आधुनिक विद्यालय है। अधिकतर शिक्षक स्वार्थी है, वे शिक्षा को व्यावसायिक रूप से देखते हैं।

विद्यालय व्यापार का एक बड़ा हिस्सा बन गया है। सभी निजी विद्यालय केवल लाभ के लिए खोले जा रहे हैं, वो धर्म और सच्चाई (Loyality) पर आधारित नहीं हैं।

तब हम बच्चों से क्या आशा करें? यदि आने वाले समय में इसका ढांचा नहीं सुधरा तो यह भ्रष्टाचार और आतंक का आधार हो सकता है।

लेकिन आज आतंक के युग में हमें सख्त आध्यात्मिकता की एक औजार, एक हथियार के रूप में जरूरत है ताकि हम आतंकवाद से संसार को बचा सकें।

वर्तमान में प्रचलित शिक्षा प्रणाली में हम देख रहे हैं कि हमारे शिक्षा मंत्री ने रुचि दिखाते हुए अच्छी और खेलों के निर्माण के क्रिया-कलाप विद्यालयों में रखें हैं। पर्याप्त धन और सुविधाएं राजकीय और निजी विद्यालयों में खेलों की उन्नति की नीति के मुख्य भाग है।

सारे अच्छे गुण जो कि आध्यात्मिकता के आवश्यक अंग है वो खेलों के लिए भी लागू होते हैं। उदाहरण के लिए एक आध्यात्मिक व्यक्ति में बहुत बड़े स्तर पर धैर्य होता है और ऐसा ही खेलने वाले व्यक्ति में भी। एक आध्यात्मिक व्यक्ति सच्चा और बहादुर होता है,

ऐसा ही खेल वाला व्यक्ति भी। एक आध्यात्मिक व्यक्ति में ऊंचे स्तर का विश्वास होता है, ऐसा ही खेलने वाले व्यक्ति में एक आध्यात्मिक व्यक्ति एक योग्य व्यक्ति होता है और ऐसा ही खेलने वाला व्यक्ति। एक आध्यात्मिक व्यक्ति सच्चाई और बुद्धिमानी में विश्वास रखता है, ऐसा ही खेलने वाला व्यक्ति एक आध्यात्मिक व्यक्ति हमेशा प्रसन्न रहता है और हमेशा पृथ्वी पर उसका व्यवहार नम्र होता है, ऐसा ही खेलनेवाला व्यक्ति। एक आध्यात्मिक व्यक्ति सभी का आदर करता है, और बहुत आज्ञाकारी होता है और खेलने वाला व्यक्ति भी। एक आध्यात्मिक व्यक्ति में निश्चय करने की शक्ति होती है और ऐसी ही खेलने वाले व्यक्ति में।

आज व्यवसायिक युग में हमें लोगों को खेलों की तरफ प्रेरित करने की जरूरत है। क्योंकि खेलों में सहयोग और समन्वय की भावना आपको जीत के स्तर पर पहुंचा देती है जो अर्थपूर्ण और स्वस्थ जीवन को बढ़ाने के लिए आध्यात्मिकता को प्रोत्साहन देना जरूरी है। इसलिए खेलों की उन्नति में सहायता करके हम आध्यात्मिक उन्नति तक पहुंच सकते हैं जो कि हमारी सामाजिक प्रणाली को बदल देगी जो आधारित है धर्म और सच्चाई को प्रेरित करने के केवल मुद्रा व्यापार पर।

हमारे विद्यालय, महाविद्यालय, मानव शक्ति और मानवता के व्यवसाय है। (Industries) और यदि ये उद्योग खेलों और आध्यात्मिकता को प्रमुखता देते हैं तब निश्चित ही शिक्षा के दूसरे स्रोतों में भी अच्छे परिणाम दे सकते हैं।

शिक्षा जो हम हमारे विद्यार्थियों को दे रहे थे वे जीवन रहित और सुख-साध्य प्राप्त न करने वाली थी। लेकिन अब धीरे और क्रम से जो कदम वर्तमान शिक्षा प्रणाली के लिए उठाए जा रहे हैं वो अशैक्षिक कार्य विधियों को महत्त्व दे रहे हैं। इस तरह के कार्य कलाप (कार्यविधियों)

बच्चों को उनके शैक्षिक चरित्र को भी ऊपर उठा देते हैं। यह इसलिए है क्योंकि यह बच्चों की छिपी प्रतिभा को भी बाहर लाने में सहायता करता है। बच्चों के मन में शिक्षा के लिए एक डर बैठा रहता है जो केवल खेलों की सहायता से हटाया जाता सकता है। क्योंकि खेल हमारी आध्यात्मिकता को प्रोत्साहित करते हैं, इसलिए हम कह सकते हैं कि हम आध्यात्मिकता के द्वारा (आध्यात्मक के द्वारा) अपने को स्वस्थ (Fit) रख सकते हैं। आध्यात्म का अर्थ खेल है–योग और प्राणायाम योग और प्राणायाम की सहायता से हम एक स्वस्थ और खुशी जीवन प्राप्त कर सकते हैं।

2

मानव शरीर खेलों और आध्यात्मिकता के साथ

मानव शरीर एक आधुनिक फैक्टरी की तरह है। इसका भवन एक सीमेंट, कंकरीट की तरह ढांचा है और यह खंभों (स्तम्भों) पर बना है। अर्थात पैर जो इसे चलाते हैं। इसकी पहली मंजिल जो कि उदर के ऊपर वक्षस्थल से नीचे का हिस्सा है जो कि आहार उत्पादन करने वाले पौधे को संतुलित करता है, जो पौधा छानने का काम करता है, और यह मल को भी बाहर फेंकता है बेकार पदार्थों को मूत्र और पायखानो के जरिए। चकित करते हुए यह पौधे का अनोखा पुनर्जन्म भी है। दूसरी मंजिल पद इस मानव भवन के एक न रुकने वाला पम्प (हृदय) है और हवा नियंत्रक (फेफड़े) हैं। सबसे ऊपरी मंजिल पर एक गुम्बद के आकार का मुंह है। यह परमाणु रियेक्टर (Atomic-Reactor) सुपर कम्प्यूटर और (टेलीफोन एक्सचेंज) दूरभाष केन्द्र अर्थात् दिमाग को संतुलित रखता है जो एक मील दूर तक की संचार प्रणाली है और हैरानी की बात यह है कि सभी निम्न प्रकार के पौधे अपने-आप काम करते है और क्रमानुसर करता है जैसे भगवान द्वारा बनाए गए पौधे करते हैं।

खेल और आध्यात्मिकता

इस अद्‌भुत मानव-शरीर में हजारों स्वास्थ्य समस्याएं हैं, यदि इसकी ठीक प्रकार से देखभाल न हों और यदि इसकी सही देखभाल खेलों और आध्यात्मिकता की सहायता से हो, तब बड़ी मात्रा में स्वास्थ्य समस्याएं दूर करके अच्छी और साफ-सुथरी, अच्छा और सस्ता संतुलित भोजन लोगों को प्राप्त होगा और इस प्रकार एक अच्छी साख लोगों को स्वास्थ्य और सब प्रकार की खुशियां देगा।

हमें हमेशा उन अज्ञात ऋषियों और मुनियों का धन्यवाद करना चाहिए जिन्होंने आध्यात्म की सहायता से 200 वर्षों से भी ज्यादा का जीवन जिया। ये ऋषि हमें पढ़ा गए कि हमारे मानव शरीर में पांच तत्त्व है जो पृथ्वी, जल, आग, वायु और आकाश है और ये सभी जीवन रूपी बैटरी (यंत्र) के रूप में शासन करते हैं। और यह जीवन यंत्र प्रतिदिन खेलों और आध्यात्मिकता से चालित (Charged) किया जाता है। तब हम एक अर्थपूर्ण जीवन प्राप्त करते हैं और केवल एक आध्यात्मिक जीवन ही एक अर्थपूर्ण जीवन है।

यह भी कहा जाता है कि हमारे महान् शास्त्र और उपनिषद जो कहते हैं कि हमें यह मानव शरीर चौरासी लाख योनियों के बाद प्राप्त होता है। हमारे धर्मों के अनुसार कुछ समय हम पशुओं के शरीर और कुछ समय हम मच्छर (Insects) के शरीर के रूप में रहते हैं। इस तरह यह कहा जाता है कि जीवन एक लगातार क्रिया है, हम भिन्न प्रकार के जन्म लेते हैं।

यह मानव शरीर हमें बड़े संघर्ष के बाद मुश्किलों से प्राप्त होता है इसलिए हमें इस व्यर्थ नहीं गंवाना चाहिए।

इसके लिए हमें चाहिए कि हम हमारे मानव-शरीर के लिए खेलों और आध्यात्मिकता को भी योगदान दें यदि हम करोड़ों रुपये कमा रहे हैं और हमारे पास स्वस्थ शरीर और स्वस्थ मस्तिष्क नहीं है तो हमारी

कमाई बेकार है।

इस प्रकार हमें एक दैविक जीवन जीने के लिए स्वस्थ शरीर और स्वस्थ मस्तिष्क की बहुत आवश्यकता है। और हम इस स्वस्थ शरीर और स्वस्थ मस्तिष्क को खेलों और आध्यात्मिकता के द्वारा ही प्राप्त कर सकते हैं और यह कहा भी है कि:-

"देना ही दैविक है।

जीविका चलाने के लिए ईमानदारी ही मनुष्यता है।

किसी गैर की जमीन/जायदाद छीनना और किसी को शारीरिक तौर से, शब्दों द्वारा व मानसिक तौर से कष्ट पहुंचाना एक पाप है।"

हम सभी मानव रूप में जन्में हैं। आओ इसे कोमल और दिव्य बनने का प्रयत्न करें।

3

खेल-व्यक्तियों और आध्यात्मिक व्यक्तियों द्वारा प्रयोग किए जाने वाले भिन्न प्रकार के आसन या (आसन के विभिन्न प्रकार)

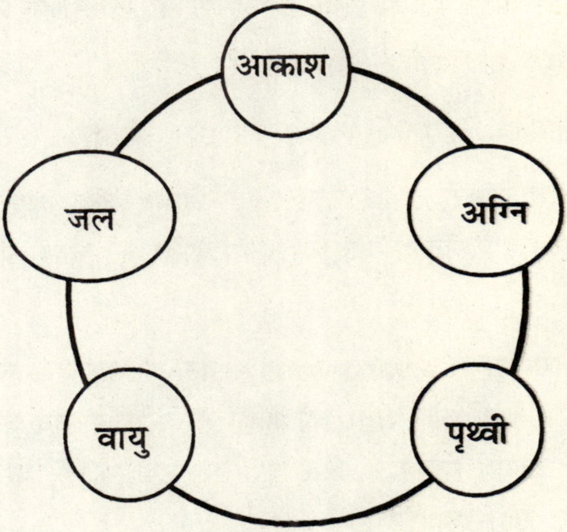

मानव शरीर इन पांच तत्वों से बना है।

हमारे शरीर में हमारे दिमागी सैल (Cells) है जो पांच प्रकार से पांच मुख्य तत्त्वों पृथ्वी, जल, अग्नि, वायु और आकाश से बना है। ये तत्त्व

हमारे शरीर के चयापचय है जो सभी कार्यों पर नियंत्रण करते हैं। इस तरह आधार रूप से सभी तत्त्व सही अनुपात में होने चाहिए जो कि शरीर के चयापचय कहे जाते हैं एक तत्व की कोई भी बाधा (कम या ज्यादा) दूसरे तत्त्व में बाधा उत्पन्न कर देती है और स्वस्थ शरीर को बीमारी जड़ से पकड़ लेती हैं और यदि ये मुख्य तत्त्व शरीर में सही अनुपात में प्रतिपादित होते हैं तो एक सही चयापचय सुरक्षित होता है और शरीर स्वस्थ रहता है। किन्तु खानदानी खाने और रहने की आदतों के कारण हमारे एक या दो तत्त्व बाधित हो जाते हैं और इस तरह चयापचय बिगड़ जाता है और वहाँ संयोग की तीन भिन्न प्रकार की विशेषताएं होती है–

(1) संयोग द्वारा (से) पृथ्वी और पानी की अधिकता ।

(2) संयोग द्वारा अग्नि और वायु की अधिकता।

(3) आन्तरिक वायु और बाहरी वायु का संयोग।

इसलिए यह जरूरी है कि नीचे लिखे आसन किए जाएं और एक अच्छा स्वास्थ्य प्राप्त किया जाए जो हमारे शरीर को चुस्त और कोमल रखे।

1. संरवागांसन (Sarvangasana)–पीठ के बल लेट जाओ। पैरों को सीधे ऊपर करों और शरीर को हाथों पर संभालों जब तक स्थिति में वापस न आओ। यह गले, सिर के लिए उपयोगी है, पूरे शरीर में खून का दौरा सही रहता है।

2. हालासन (Halasana)–पीठ के बल लेट जाओ, पृथ्वी पर पीछे की तरफ से टांगें सीधी छुए (Touch)। यह पेट, नसों और पाचन तंत्र के लिए उपयोगी है।

3. सपाट जोगिंग (Spot Jogging)–एक स्थान (बिन्दु) से दौड़ना

प्रतिदिन एक मिनट और 2 से 3 मिनट तक पहुँचना।

4. **पैडपश्चिमोत्तासन** (Padpaschimottamosan)–सीधी टांगें करके बैठ जाओ, आगे की ओर झुको, पंजे छुओ, उंगली के पोरों से, इसी तरह आगे झुकों फिर वापिस स्थिति में आओ। घुटनों को माथे (सिर) से छूने (लगाने) का प्रयत्न करो। यह नसों ओर पाचन तंत्र के लिए उपयोगी है।

5. **पवनमुक्तासन** (Pavanmuktasan)–पीठ के बल लेट जाओ। अपनी टाँगों को झुकाओं और उन्हें अन्दर की तरफ ले जाओ। हाथों को उनके साथ ताली बजाओ (अथार्त दोनो हाथ जोड़ो) सिर को घुटनों के साथ छुओं। यह गैस की समस्या को दूर करता है।

6. **भुजंगासन**–पेट के बल लेट जाओ, हाथों को कंधे से नीचे खींचों अपना सिर उठाओ और धड़ को सामने की ओर ले जाओं। फिर वापस स्थिति में जाओ। यह पाचन तंत्र और नसों के लिए उपयोगी है।

7. **शलभासन**–सिर और पैरों को उठाओ और पेट के बल लेटे। यह पाचन तंत्र, नसों और पेट के लिए उपयोगी है।

8. **धर्नुरासन** (Dhanurasan)–पेट के बल लेटो और टांगों को हाथों से पकड़ो और पेट के ऊपर खींचों। यह कूल्हे के रोग, पाचन तंत्र, फेफड़ों और पेट के लिए उपयोगी है।

9. **सिंहासन**–पैरों को झुकाओ, कसकर बैठे, मुँह खोले, जीभ बाहर निकाले इसे बाहर इतना बल दे जितना सम्भव हो। यह गले, आंखों और चेहरे की सुन्दरता के लिए उपयोगी है।

10. **इरेक्टासन** (Eractasan)–दोनों टांगों के बीच में 12 इंच की दूरी रखकर सीधे खड़े हो। हाथों को आगे बढ़ाओं तब मुट्ठी को पैरों पर उतनी तेजी से फेंको जब तक ऊपरी स्थिति न आ जाए। मुट्ठी को

उतनी तेजी से सीधा करो जितना संभव हों। वापिस आओ। दस बार दोहराओ। यह व्यायाम यकृत (Liver) और स्पलीन (Splean) के कार्य करने के लिए उपयोगी है।

इन सभी आसनों के दौरान–

दस सैकण्ड के साथ शुरूआत करते हुए प्रत्येक आसन में एक मिनट तक पहुँचे। कुछ दिनों के अभ्यास के बाद दो मिनट करें। आसन एक खेलने वाले व्यक्ति के जीवन में जितना महत्त्वपूर्ण रोल (Pant) निभाता है, उतना ही आध्यात्मिक व्यक्ति के जीवन में भी। प्रत्येक के व्यवहार से और प्रत्येक अकेले व्यक्ति के पास एक लेश मात्र या खिलाड़ी से थोड़ी ज्यादा और थोड़ी या ज्यादा आध्यात्मिक व्यक्ति से। इसलिए इसे बढ़ाना या फैलाना खिलाड़ी स्तर पर और आध्यात्मिक स्तर पर हमारे लिए जरूरी है।

इसलिए हमें जरूरत है कि आधा घंटा या एक घंटा हमारे प्रतिदिन के जीवन में इस तरह के कार्य करने का नियमित रूप से हो, जैसे योग, आसन और व्यायाम आदि।

4

खेलों के क्षेत्र में प्राणायाम का कार्य/भागीदारी

बिना योग और प्राणायाम के खेल अधूरे हैं। योग और आसन पहले भी बताए गए है अब प्राणायाम की बारी है।

प्राणायाम का अर्थ है एक तरीका या पद्धति जो जीवन चक्र को नियंत्रित करे, जीवन चक्र को नियमित करे और साँस को नियंत्रित करे, उसे प्राणायाम कहते हैं।

बचपन से सांस और फेफड़ों का फैलाव के लिए उचित ढंग से देखभाल होनी चाहिए। बाहर खेले जाने वाले, दौड़ना, हँसना और बच्चों के द्वारा रोना, ये सभी उनके फेफड़ों को बढ़ने (फैलने) में काफी सहायक है।

किन्तु प्राणायाम बचपन से ही सिखाया जाना चाहिए, 5-6 वर्ष की आयु से ही। उचित प्रकार से सांस लेने के लिए, उचित प्रकार से प्राण-वायु के लिए, और खून की शुद्धता के लिए।

शरीर के पाँच मुख्य तत्त्व जैसे-पृथ्वी, जल, अग्नि, वायु, आकाश भी प्राणायाम के द्वारा नियंत्रित होते हैं। आओ, इन पाँच तत्त्वों के बारे में बात करें जो शरीर को बनाते हैं-

पृथ्वी-इस तत्त्व में पूरा शरीर निश्छल और आलसी हो जाता है और ज्यादा ऊर्जा की आवश्यकता होती है और ज्यादा ऊर्जा इसे चुस्त रखने

में उपयोगी होती है। लोग ज्यादा वजन के हो जाते हैं, मोटे हो जाते हैं। ये सभी उदाहरण है कि पृथ्वी नामक तत्त्व की शरीर में यह विशेषता है। वे चिन्ता नहीं दिखाते कि किसी चीज की उत्सुकता उनमें प्रबल नहीं है। वे कोशिश करते हैं, कलह को दूर करने की और जीवन धीरे-धीरे जीने कीं। जब उनके शरीर का ये तत्त्व नियंत्रण से बाहर हो जाता है तो लोग स्वार्थी हो जाते हैं और स्वार्थी तरीके से आनन्द प्राप्त करना चाहित है।

यह एक उदासीन तत्व है।

जल–यह शरीर के बहाव की देखभाल करता है और जीवन है। लेकिन यह एक प्राकृतिक प्रवृत्ति है कि यह नीचे ठंडा है। शरीर में अधिकतम 70% जल है। यह एक महत्त्वपूर्ण कार्य करता है। यह गर्मी को संतुलित (बचाव) करता है और खून को दौरा नियंत्रित करता है। यह एक नकारात्मक तत्त्व है।

अग्नि–यह शरीर में अग्नि उत्पन्न करता है। यह पानी को गर्मी देता है। यह प्रकाश की व्यवस्था करता है, शरीर को शक्ति प्रदान करता है कि भोजन पच सके। यह भूख और प्यास को उत्पन्न करता है, माँसपेशियों को लचीलापन प्रतिपादित करता है और रंग-रूप को सुन्दर रखता है। यह सोचने में सहायता करता है और दिमाग की विवेक शक्ति (सोचने की) को सुगम बनाता हैं यह शक्ति का उत्पादन करने में सहायता करता है। संक्षेप में यह हमारे शरीर रूपी भार का संचालक है। इसकी कमी से अनीमिया, पीलिया और दूसरी पाचन सम्बंधी बीमारियाँ या समस्याएँ हो जाती है। व मूर्छा, मृगी, नेत्र-दृष्टि में कमी, गैस उत्पादन करना और त्वचा की समस्याएँ भी हो जाती है। इसलिए हमें इस अग्नि नामक तत्त्व को महान् महत्त्व देना चाहिए। यह एक सकारात्मक तत्त्व है।

वायु–वायु अपने आप में जीवन और शक्ति है। और शरीर के प्रत्येक भाग का निर्वाह करता है। यह हृदय के कार्य करने की व्यवस्था करता है। खून का दौरा चलता है और शरीर का संतुलन प्रतिपादित करता है। यह साँस लेने की क्रिया में सहायक है। यह ध्वनि उत्पादन दिमाग की आंतरिक शक्ति को बढ़ाता है और याददाश्त को भी बढ़ाता है। यह एक सकारात्मक तत्त्व है।

आकाश–जिसके आदेशानुसार वायु शरीर में शुद्ध होती है, और एक उचित संतुलन प्रतिपादित होता है, वो आकाश है। यदि वास्तव में प्रक्रिया रूक जाती है तो दर्द उत्पन्न होता है, हार्ट अटैक (हृदय गति रूकना), पैरालाइसिस (हाथ-पैर शिथिल होना), पीला पड़ जाना (मृगी) आदि उत्पन्न हो जाते हैं। यह एक नकारात्मक तत्व है।

इसलिए इन तत्त्वों का हमारे शरीर में बढ़ना या घटना हम आध्यात्मिक तरीका प्राणायाम से कर सकते हैं। इन पाँचों तत्त्वों का सही अनुपात बीमारियों को दूर रखने में सहायक है और चुस्त रखता है।

प्राणायाम के आसान तरीके

जब सीधे बैठे या लेटे हो–
सांस खींचना गिनती– 1-2-3-4
तब फेफड़ों में वायु भरने की गिनती– 1-2-3-4
और तब साँस बाहर फेंकना गिनती 1-2-3-4
तब रूको, सांस मत खींचों।

इसे लगभग 10 से 15 बार दोहराओं। इस तरह से प्राणायाम 4 से 10 बार दिन में एक बार और दोहराते हुए गिनती बढ़ाते हुए 10 तक पहुँचो। केवल रूकने के दौरान, फेफड़ों को आराम और (Revitalised) मिलता है। इस तरह सांस पर नियंत्रण करना प्राणायाम कहलाता है। एक बार हम 10 तक पहुंचे तो हम प्राणायाम को इस तरह बढ़ाएं–

साँस खींचने की ऊपरी गिनती– 10

निर्धारण की ऊपरी गिनती– 20

साँस छोड़ने की ऊपरी गिनती–10

वापिस साँस खींचने की ऊपरी गिनती–10

इस तरह अनुपात हुआ 1: 2: 1: 1

प्राणायाम के विशिष्ट तरीके

हमारे शरीर के मुख्य तत्त्वों को नियंत्रित करने के पाँच तरीके–

1. सूर्य प्राणायाम–शरीर में गर्मी बढ़ाने के लिए, बांया नाक बंद करके साँस खींचे फिर सीधी तरफ से और इसे बाहर छोड़े जब तक गिनती 1 से 4 और 10 तक। इसी तरह सीधी नाक से सूर्य जुड़ा हैं। (जैसे कि योग में पिंगला नाड़ी से) साँस खींचने में और छोड़ने में। इससे शरीर में गर्मी उत्पन्न होती है। इस कारण से यह प्राणायाम सर्दियों और बरसात में उपयोगी है और बीमारियों, जैसे–सर्दी, अस्थमा, पोलिया, पैरालाइसिस, टी.वी. आदि जिनमें गर्मी की जरूरत होती है। इसे 10 या ज्यादा बार करो।

2. चन्द्रप्राणायाम (Moon Pranayam)–शरीर में ठंडाई (ठंडक) बढ़ाने के लिए, सीधी नाक बंद करो, साँस खींचो और बांया नाक से साँस बाहर छोड़ो जब तक गिनती 4 से 10 तक करो। बाँया नाक चन्द्रमा के साथ जुड़ा है (योग में इदा के जैसा) यह शरीर में कूलता उत्पन्न करता है। इस तरह का प्राणायाम बीमारियों जैसे-बुखार, गर्मियों में धूप में उपयोगी है। जहां पर ठंडकता (Coolness) जरूरी है। इसे, 10 या ज्यादा बार करो।

3. गर्मी और सर्दी का संतुलन बनाने के लिए प्राणायाम (Anulamvilam)–सीधी नाक से (दायीं) से साँस खींचों और दांया नाक से छोड़ो। इस दौरान साँस अन्दर रूकती है, पेट अन्दर खींचता है

और इसका परिणाम लाभकारी होता है– पेट को कम करने के लिए एक बात जो कि यहां पर बहुत जरूरी है कि जब साँस खींचते हैं तो हमारा सीना फैलता है 5 से 7 से से.मी. तक। प्राणायाम आरामदायक स्थिति में भी हो सकता है। दांया या बांया नाक से सांस की प्रक्रिया प्रभावित हो सकती है, दूसरी नाक बंद रहती है।

4. कपालभाती प्राणायाम–एक शांत स्थान पर सीधे बैठ जाओ साँस खींचों और साँस छोड़ो नाक से बहुत तेज। एक मिनट में 10 बार से शुरू करते हुए 50 बार तक जाओ। हम इस प्राणायाम को दिन में दो बार कर सकते हैं। यहां पर एक महत्त्वपूर्ण रूकावट (नियम) है कि हवा को पेट में न भरें।

5. भासत्रिका प्राणायाम–मुंह खोलो, सांस धीरे-धीरे खींचों और अब शीघ्र नाक से तेजी से बारह निकालो। इसे हम 20 से 15 बार कर सकते है। यदि हम इस प्राणायाम के बाद कपालभाती प्राणायाम भी करे तो सिर में होने वाले रूधिर संचय को साथ कर सकते है। प्राणायाम के नियंत्रित प्रयास से और सांस के व्यायाम से उचित प्राण-वायु सारे शरीर में आती है और बीमारियां दूर करती है। उचित प्राणवायु खून साफ करने में सहायक होती है और एक प्रकार से विष को हटाती है। और कार्बन डाइऑक्साइड को शरीर से हटाती है। सारे शरीर अंग उचित प्रकार से खून को शुद्ध करने का कार्य करते है और उससे शक्ति और जीवन बढ़ती है। और शुद्धता का अर्थ है शक्ति।

प्राणायाम के लिए संयम

इस तरह यह अब साफ है कि पांच तत्त्व जिनसे हमारो शरीर बनता है को नियंत्रित करने के लिए प्राणायाम अच्छा तरीका है और आसान भी। प्राणायाम खाली पेट या खाने के दो घंटे बाद करना चाहिए।

5

खेलों में मुद्राओं का किरदार

मुद्राओं के द्वारा मुख्य तत्त्वों पर नियंत्रण

हमारी पांच अंगुलियां हमारे पाच तत्त्वों को प्रदर्शित करती है। इसलिए ये पांच मुख्य तत्व शरीर की भिन्न-भिन्न मुद्राओं द्वारा नियंत्रित किए जाते है। ये इस तरह से हैं–

अंगूठा–अग्नि या सूर्य

तर्जती/प्रदर्शक उंगली (Index Finger)–हवा या वायु

बीच की उंगली–आकाश या आन्तरिक्ष

राजा उंगली (King Finger)–पृथ्वी

छोटी उंगली (Small Finger)–जल

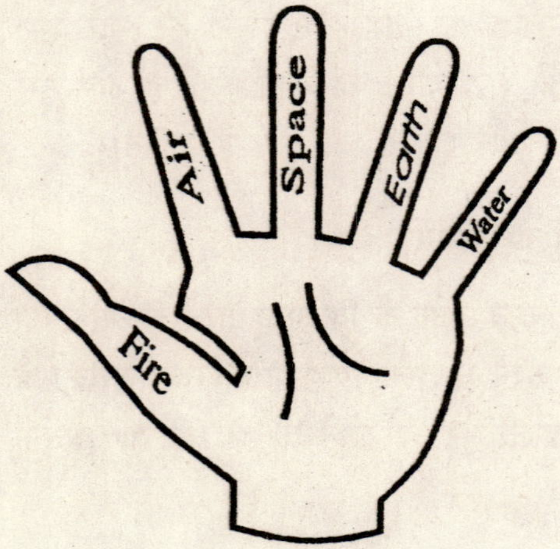

इस तरह भिन्न संयोग के कारण ये उंगलियां विभिन्न मुद्राएं कर सकती है जो बीमारियों से बचाव करती है। यह किसी भी स्थिति में हो सकती है लेकिन एक काम की स्थिति या सुखासन में बैठना अच्छा परिणाम दे सकते हैं।

ये मुदाएं दस मिनट से शुरू करके लगभग 30 से 45 मिनट करे। ये मुदाएं दोनों हाथों से एक साथ ही की जा सकती है।

1. **ध्यान मुद्रा**–तर्जनी उंगली को अंगूठे के साथ हुए, दबाने की जरूरत नहीं है।

लाभ–यह दिमागी शक्ति, दिमागी सक्रागता, याददाश्त आदि को बढ़ाने में सहायता करता है। और एकाग्रता की कमी, डिप्रेशन (Depression), सोने की बीमारी से रक्षा करता है।

2. **वायु मुद्रा** (Air)–तर्जनी उंगली को अंगूठे के आधार पर रखो. और अंगूठे को (Mount of Venus) और अंगूठे से दबाओ। यहाँ इसे लगातार दबाते रहना महत्त्वपूर्ण है।

लाभ–यह हड्डियों का रोग जोड़ों की सूजन, गठिया, कंपन की बीमारी और खून का दौरे की समस्याओं और अनीमिया से ग्रस्त रोगों की सहायता करता है।

3. **सुनया मुद्रा (आकाश)**–बीच की उंगली को (Mount of Venus) पर रखो और अंगूठे से दबाओ।

लाभ–यह कान दर्द, बहरापन और चक्कर आने से रक्षा करता है। यह आवश्यक है कि इस मुद्रा को 40 से 60 मिनट तक करना चाहिए ताकि अच्छे परिणाम मिल सके। यह दो बार किया जा सकता है।

4. **पृथ्वी मुद्रा (पृथ्वी)**–अपनी दाहिनी उंगली (Right Finger) को अंगूठे के साथ इकट्ठी करके बाकी को सीधी रखें।

लाभ–यह शरीर और दिमाग की कमजोरी दूर करता हैं यह जीवन में बल (चेतना) बढ़ाता है और एक बीमार या दुखी व्यक्ति को एक नई शक्ति प्रदान करता है। यह दिमाग को शांति भी देता है।

5. वरुण मुद्रा (जल)–अंगूठे के पोरों और छोटी उंगली को इकट्ठे रखो ओर दूसरी तीन अंगुलियों को सीधी रखें।

लाभ–यह खून की अशुद्धता, त्वचा की समस्याएं दूर करता है और त्वचा को चमकदार बनाता है। यह उदर-आंतों की सूजन और दूसरी बीमारियों जैसे पानी की कमी में लाभकारी है और उलटियां भी नियंत्रित करता है।

6. सूर्य मुद्रा (Sun)–अंगूठी वाली उंगली (Ring Finger) को झुकाओ और इसे बाहर की तरफ दूसरा मोड़ो अंगूठे से दबाओ और बची तीन अंगुलियों को सीधी रखें।

लाभ–यह शरीर में गर्मी उत्पन्न करती है, पचाने में सहायक है और शरीर से मोटापा कम करने में भी सहायता करती है।

7. प्राण मुद्रा (जीवन ऊर्जा)–छोटी और रिंग उंगली को झुकाओ उनके पोरों को सामने से अंगूठे के पोरे के साथ लगाएं।

लाभ–यह जीवन में बल बढ़ाता है और नाड़ियों की दुर्बलता ओर थकावट को दूर करता है यह आंखों की शक्ति बढ़ाने में भी सहायक है और चश्मे का नम्बर भी कम करता है।

शिव मुद्रा (Ling Mudra)–दोनों हथेलियों को जोड़ों, और अंगुलियों को एक दूसरे में सटे अंगूठे को बांया हाथ के लम्ब रूप में सीधी रखें और तर्जनी उंगनी का घेरा बनाए सीधे हाथ के अंगूठे के साथ।

लाभ–यह शरीर को सर्दी और फेफड़ों की सूजन वैसे संक्रामक रोगों से लड़ने कीं शक्ति देता है और मौसम बदलने पर हुए सर्दी,

बुखार से भी। यह शरीर में गर्मी उत्पन्न करने की शक्ति फेफड़ों को देता है और बलगम इकट्ठा होने से रोकता है और मोटापा भी बढ़ने से रोकता है।

जब इस मुद्रा का अभ्यास हो जाता है तो हरी सब्जियां, फल, जूस और पानी काफी मात्रा में लेना चाहिए। लगभग एक दिन में 8 से 10 गिलास पानी पीएं। अब जब मुद्राओं के बारे में बताया गया है। यदि प्राणायाम भी किया जाए तो हमे अच्छे परिणाम मिलते हैं। इस तरह हम कह सकते हैं कि प्राणायाम और मुद्राएँ, आसन और व्यायाम खेल और आध्यात्मिकता के लिए बहुत महत्त्वपूर्ण है।

आध्यात्मिक बनने के लिए हमें जंगलों और गुफाओं में जाकर साधु और संयासी बनने की जरूरत नहीं है। इसके लिए जरूरत है प्रतिदिन हमारे जीवन में प्राणायाम और मुद्राओं का अभ्यास। ये आध्यात्मिक अंग होना चाहिए। फिर हम अपने आप आध्यात्मिक व्यक्ति बदल जाएगें।

जिस तरह से खेल आसन और व्यायाम प्राणायाम के बिना अधूरे हैं, उसी तरह आध्यात्मक भी प्राणायाम और मुद्राओं के बिना अधूरे हैं इसी तरह आध्यात्मिकता भी बिना आध्यात्मिक कार्यों के बिना अधूरी है।

एक खिलाड़ी और एक आध्यात्मिक व्यक्ति के लिए एक महत्त्वपूर्ण लाभ यह है कि वो इनसे जीवन की आयु बढ़ा सकता है।

खेल और आध्यात्मक किस तरह से जीवन की आयु बढ़ाने में सहायक है?

यदि फेफड़ों में हवा की धारणा शक्ति अधिक हो तो यह पूर्णतया उपयोग हो जाती है जो खून को शक्ति देती है और शरीर को भी। इसका अर्थ होगा कि कम सांसे ली जा रही है। भारतीय दर्शनशास्त्र के अनुसार, हमारे जीवन एक निश्चित धागा/काता (Span) है और मिनटों

में, दिनों और महीनों/सालों में नहीं मापा जा सकता लेकिन सांसों की कुल संख्या है। अब प्राणायाम के द्वारा फेफड़ों में लम्बे समय तक वायु धारण की जा सकती है हम सांस को दिन के दौरान कुल संख्या कम कर सकते हैं। यह हमारी जीवन आयु को बढ़ाने में सहायक है।

साधारणतया देखा गया है कि शादीशुदा लोग आध्यात्मिक कार्यों का विशिष्ट प्रयोग नहीं करते जबकि ब्रह्मचारी, ऋषि-मुन अधिक नियमित होते हैं और विशिष्ट रूप से ऐसी विधियों का अभ्यास करते हैं। ऐसा भी देख गया है कि शादी-शुदा लोगों की तुलना में ऋषियों की आयु ज्यादा और अधिक अवरोधक शक्ति होती है। वे सामान्य मानव की तरह औषधि प्रयोग नहीं करते। इसलिए बिना दवाओं के वे जीवन ज्यादा जीते हैं।

इसलिए यह हमारी आज की शिक्षा नीति का इच्छित प्रवाह है कि हमें हमारे विद्यालयों में खेलों और आध्यात्मिकता को अधिक महत्त्व देना चाहिए। और सभी एक राष्ट्र शारीरिक और मानसिक रूप से स्वस्थ बनेगा। तब वहां दूसरे आर्थिक क्षेत्रों में भी प्रगति अधिक होगी।

विद्यालय स्तर पर, 5 या 6 वर्ष की आयु में यदि बच्चों को प्राणायाम का अभ्यास कराया जाए, तो हमे अपने आप ही बच्चों का व्यक्तित्व उन्नत होकर मिलेगा।

जैसे कि आज के विद्यार्थी अपनी सभ्यता से दूर हो रहे हैं, वे प्रयत्न कर रहे हे कि पश्चिमी सभ्यता प्राप्त करने का और सभ्यता उन्हें उग्र, कामुक बना रही है जो उन्हें निराशा की आरे ले जा रही है। जहां एक भारतीय सभ्यता पढ़ाती है कि सारा संसार को हमारी महान आध्यात्मिकता के बारे में जो एक शान्तिभरा और खुशी का जीवन देता है।

6

आध्यात्मिकता बनाम (Vs) विद्यालय

बच्चे का प्रथम विद्यालय घर है इसलिए आध्यात्मिकता घर से शुरू होती है। यदि घर का वातावरण आध्यात्मिक है तो केवल एक बच्चा आध्यात्मक की कीमत जानता है, दूसरे यदि घर का वातावरण आध्यात्मिक नही है तो बच्चा नहीं जानता है कि आध्यात्मिकता क्या है? ऐसी स्थिति में, हमें बच्चे को विद्यालय में आध्यात्मिकता के बारे में सिखाना चाहिए।

आध्यात्मिकता का अर्थ

आध्यात्मिकता का अर्थ वास्तव में आत्मा है। आत्मा का अर्थ शरीर की अंतरआत्मा से है। जब हम आत्मा के बारे में बात करते हैं तो हम अंतरात्मा के बारे में बात करते हैं और जब हम आध्यात्मिकता कीमत के बारे में बात करते हैं तो इसका अर्थ है वह अच्छी विशेषताएँ जो आत्मा में हैं। आत्मा भगवान का भाग है जो लुप्त है और इस संसार में भगवान द्वारा ज़ीवन जीने के लिए भेजा गया है जिसमें सभी अच्छी विशेषताएँ एक में भी हो सकती है।

इसलिए आध्यात्मिकता का अर्थ आपके जीवन को दर्शाता है जो समझदारी और अंतिम सच्चाई है जो हमारा शरीर नहीं आत्मा है। शरीर

तो आत्मा का बाहरी आवरण है जो भगवान ने दिया है जो भी कुछ ढका है और जो भगवान चाहता है वह हमारे पुराने कर्मों के कारण है जो हमें जीवन में स्वीकार करने पड़ते हैं। इसके लिए कोई भी चुनाव नहीं है, यह केवल भगवान का दिया वरदान है जो मानव बनाते हैं और दूसरे जीवन जीते हैं। यह पशु की योनि या मच्छर (कीट) भी हो सकता है।

इसलिए एक अच्छा जीवन जीने के लिए हमें पहले आध्यात्मिक होना चाहिए और तब और केवल एक अध्यापक या एक डॉक्टर या एक वकील कोई भी अपनी पसंद का पेशा (व्यवसाय) अपना सकते हैं। भगवान ने ज्ञापन के साथ दिमाग केवल मनुष्य को दिया है, जीवित प्राणियों को छोड़कर कोई नहीं जानता कि ज्ञान क्या है? भारत एक आध्यात्मिक देश है, ऋषि और मुनियों की भूमि है, वेदों और उपनिषदों की भूमि है, पवित्र संतों की भूमि है।

हम मानवाधिकार और मानवीय कर्त्तव्यों के बारे में बातें करते हैं। हमारा संविधान मानवाधिकार और मानवीय कर्त्तव्यों के बारे में बताता है। लेकिन मुख्य बात यह है कि प्रत्येक को इसके बारे में जानना चाहिए कि मानवीय कीमत क्या है? मानवीय कीमतों से अभिप्राय है कि किस प्रकार के मानव हमें होना चाहिए। हम सच्चे, दयालु, ईमानदार, शांत, धार्मिक, अनुशासनप्रिय, देशभक्त, विनीत और नेक, मृदुभाषी, सहायक, दानी, भगवान और कर्मों में विश्वास करने वाले, आदर करने वाले, नम्र होना चाहिए। सार रूप में हममें अच्छाई अपनाना और बुराईयों को रोकना आना चाहिए। लेकिन हमारी इच्छाई और प्रलोभन हमें एक अच्छा मानव बनने की आज्ञा नहीं देती। इसलिए यह किरदार एक स्कूल अच्छी तरह निभा सकता है कि आने वाली पीढ़ियों को सारी अच्छी कीमतें और बड़ा काम जो कि कैसे बच्चे के खून में सारी अच्छी कीमतें उत्पन्न करे, इसके लिए हमें हमारी स्वपन भूमि में

सभी आध्यात्मिक मूल्यों को देखें। आध्यात्मिकता खून में द्रव की तरह से बहनी चाहिए। संसार में आध्यात्मिकता के इस लक्ष्य तक पहुंचने के लिए हमें सख्त आदेश विद्यालयों को देने चाहिए ताकि वे पाठ्यक्रम में आध्यात्मिकता का एक बड़ा हिस्सा (Role) रखे।

इस क्षेत्र में पहली प्रगति के लिए यह आवश्यक है कि आध्यात्मिक कर्मशालाएँ (Workshop) प्रधानाचार्य और अध्यापकों के लिए लगाई जाए।

विद्यालय 'अ' के लिए शिक्षा स्थिति–विद्यालय 'अ' के प्रधानाचार्य को आध्यात्मिकता सेमिनार लगाकर और अपने व्यवहार एक आध्यात्मिक रूप में करके विद्यालय में भी ऐसा ही वातावरण लाना चाहिए ताकि प्रत्येक विषय में अच्छा परिणाम प्राप्त कर सके।

विद्यालय 'ब' के लिए शिक्षा स्थिति– विद्यालय 'ब' के अध्यापकों को अपने समूह बनाने चाहिए और उस विद्यालय में ऐसा वातावरण बनाना चाहिए जो सभी क्षेत्रों में पीछे था। लेकिन अध्यापकों द्वारा आध्यात्मिक कार्यशालाएँ (Attend) करने के बाद वे अपने आप बदल जाते हैं और उनके बीच एकता आ जाती है जो सभी क्षेत्रों में अच्छे परिणाम दे सकते हैं– शैक्षिक के जैसे ही अशैक्षिक. में भी।

7

विद्यालयों में आध्यात्मिकता के लक्ष्य

सभी विषय कला, वाणिज्य या विज्ञान बिना आध्यात्मिक मूल्यों के मृत समान है। यदि विद्यार्थी सभी विषयों के लिए आध्यात्मिक रूप से तैयार है। जड़ स्तर पर तो उन्हें आध्यात्मिक मूल्यों की गहरी समझ होगी और भ्रष्टाचार की बुरी चालों के लिए अनिच्छा होगी। राष्ट्र की सेवा करना, समाज की सेवा करना और किसी भी कीमत पर केवल धन न कमाना सीखना चाहिए।

आज जब एक बच्चा आगे पढ़ने के लिए जाता है, उच्च शिक्षा के लिए, उसके माता-पिता और बच्चा अपने आपको केवल ऊंची कमाई के लिए सोचता है। जबकि सिद्धान्त यह होना चाहिए कि दूसरों की सेवा करें न कि कमाना या केवल ज्यादा लाभ। इसलिए आर्थिक उन्नति के लिए आध्यात्मिक नियमों पर अर्थव्यवस्था आधारित होनी चाहिए।

यदि वास्तव में आध्यात्मिक क्रांति आध्यात्मिक अर्थव्यवस्था का स्थान ले लेती है तब यह सो प्रतिशत है कि हमसे पहले संसार में आध्यात्म होगा। वहां अपराधियों की अदालत या नागरिकों की अदालत नहीं होगी, वहां केवल आध्यात्मिक अदालतें (न्यायालय) होंगे और वहाँ केवल आध्यात्मिक तरीकों से ही मामले सुलझाए जाएंगे। आध्यात्मिक

न्यायालय केवल आध्यात्मिक सजा देगें जो दस दिन वृत या 20 दिन के या 7 के या इसी तरह के होगे। सारा दिन प्रार्थना बोलना (ग़ाना) और लाखों या करोड़ों में लिखना उनके आदर्श भगवान का नाम।

श्रीमान एक्स की शिक्षा स्थिति–जब उसने उपने छोटे भाई को उसके जायदाद के कागजों के लिए भार दिया और उसे पकड़ा गया और अदालत में पेश किया गया उसे दस साल तक मंदिर में सेवा करने की सजा सुनाई गई और केवल वो ही खाना खाएगा जो लोग देंगे या भगवान की मूर्ति को चढ़ाएगे।

लोग इसे पालेगें जब वे आध्यात्मिक मूल्यों के बारे में विद्यालयों में पढ़गें वरना वे इन आध्यात्मिक अदालतों के बारे में भी नहीं सुनेगें। इसलिए आध्यात्मिकता को उन्नत करें इसके लिए यह जरूरी है कि शिक्षा नीति में इसका प्रचार शिक्षा के प्रत्येक क्षेत्र जैसे–कला, वाणिज्य या विज्ञान में किया जाए और इसके लक्ष्य बताए जाए और उन तक पहुँचा जाए।

लक्ष्य

1. सेवा करना सिखाना।

2. केवल धन कमाना ही लक्ष्य नहीं।

3. सहयोग और सहायता की शिक्षा देना।

4. पदोन्नति के लिए एक दिन की गई सेवा या सहायता को भी रिकार्ड में लिखकर रखना।

5. विद्यालयों में आध्यात्मिकता समाज या राष्ट्र को आध्यात्मिक व्यक्तित्व देगी।

6. यह स्वार्थपरता की किरण फेंकेगी।

7. आध्यात्मिकता के साथ शिक्षा से दुष्टता को हटाना

8. समाज से भ्रष्टाचार की किरणें बाहर फेंकना

9. ईर्ष्या, अति लोभ, गुस्सा और क्रूरता को समाप्त करना।

10. सभी प्रकार के फसादों (झगड़ों या मामलो) को हटाना या समाप्त करना।

8

विद्यालय में आध्यात्मिकता के उद्देश्य

एक-एक करके सभी लक्ष्यों को प्राप्त करना ही विद्यालयों में आध्यात्मिकता का उद्देश्य हैं। हम हमारे लक्ष्यों को प्राप्त करने की सफलता से कितनी दूर हैं यही हमारा दूसरा उद्देश्य है विद्यालयों में आध्यात्मिकता का।

यदि सारे लक्ष्य प्राप्त कर लिए जाए तब हम एक खुशनुमा वातावरण चारों ओर देख सकते हैं, तब हम हिन्दु, मुस्लिम, सिक्ख, ईसाई, भारतीय या अमेरिकन, चीनी और रूसी से नहीं जाने जाएंगे।, वहाँ उनमें कोई भी राष्ट्रीय युद्ध नहीं होगा।

सारी मानवता आध्यात्मिक ध्वज के नीचे केवल व्यक्ति से पहचानी जाएगी। सारा संसार केवल एक अकेला घर होगा।

वहाँ कोई भी जाति या धर्म, कोई घरेलू या अन्तर्राष्ट्रीय नहीं होगा। धन के पीछे अन्धी दौड़ नहीं होगी। प्रत्येक जगह शांत और प्रेम का वातावरण दिखाई देगा। एक शांतिप्रिय संसार आंतरिक और प्राकृतिक संतुष्टि के साथ दिखाई देगा। वहाँ कोई भी शत्रुता नहीं होगी। केवल मित्रता प्रबल होगी।

इसलिए विद्यालय केवल आध्यात्मिक मानव शक्ति दे सकते हैं जो आध्यात्मिक मूल्यों को विश्वसनीय करेंगे और स्वार्थ उद्देश्य के लिए धन के पीछे नहीं दौड़ेंगे।

यह देखने में मुश्किल है लेकिन इसके उद्देश्य प्राप्त करना कठिन नहीं है। केवल और केवल प्रत्येक और प्रत्येक विद्यालपय में इसे निश्चित रूप से लागू किया जाए और दिमाग (मस्तिष्क) के आध्यात्मिक बनाया जाए। यह सभी प्रधानाचार्य और अध्यापकों के हाथ में है। यदि वे पहले अपने आपको बदलें तक बहुत आसानी से समाज की प्रणाली को भी बदल सकते हैं।

9

विद्यालय की समस्याएँ बनाम (Vs) आध्यात्मिकता

साधारतणतया एक विद्यालय में निम्नलिखित समस्याएँ होती है–

1. अनुशासन की कमी।

2. सभी में आध्यात्मिक समझ की कमी।

3. आध्यात्मिक मूल्यों में रुचि की कमी।

4. कर्मचारी और प्राधानाचार्य के बीच में सहयोग की कमी।

5. विद्यालय और माता-पिता के बीच में सहयोग की कमी।

6. सभी प्रकार के कर्त्तव्यों की क्रिया करने की रुचि में कमी।

7. उपस्थिति की कमी।

8. समय की पाबंदी की कमी।

9. जरूरत के कर्मचारियों की कमी।

10. जरूरतानुसार पाठ्य सामग्री और सही विद्यालय भवनों की कमी।

अब इन सभी समस्याओं से आध्यात्मिकता को एक बड़ा औजार

बनाकर लड़ा जा सकता है। केवल कुछ आध्यात्मिक मूल्य इन सभी समस्याओं को हटा सकते हैं। आज्ञापालन, समय की पाबंदी, सख्त अनुशासन और अपने पर अनुशासन, संतुष्टि की गहरी जागरूकता सभी आत्म की संतुष्टि नहीं है। संतुष्टि का कार्य करना या कठिन परिश्रम करना है ना कि बेकार बैठना। मानव की सारी सोच को बदलने की आवश्यकता है। व्यवहारिक और स्वार्थी होने से आध्यात्मिकता में बदलना है इसलिए विद्यालय की समस्याओं को दूर करने में आध्यात्मिकता एक महत्त्वपूर्ण रोल खेलती है।

शिक्षा स्थिति-1:-विद्यालय में एक्स विद्यार्थी अनुशासन में नहीं है। एक नाटक आध्यात्मिक सेमिनार समूह ने दिखाया और उसमें दो परिवार दिखाए। एक परिवार में अनुशासन थां आज्ञापालन, ईमानदारी और दूसरे सभी आध्यात्मिक मूल्य थे जहाँ दूसरे परिवार में कोई अनुशासन नहीं था और प्रत्येक स्वार्थी और धन का लालची थी। पहले परिवार में सीमित धन था पर खुशी और प्यार एक-दूसरे के प्रति जहाँ दूसरे परिवार में काफी मात्रा में धन था लेकिन वहाँ न तो कोई भी संतुष्ट था न ही खुश और हमेशा और ज्यादा धन कमाने की योजना बनाना था। इसलिए केवल यहीं पर स्वर्ग और नरक का अन्तर प्रकट होता है।

शिक्षा स्थिति-2:- वहाँ विद्यालय में 'अ' और 'ब' थे। विद्यालय 'अ' में एक प्रधानाचार्य और कर्मचारियों के बीच में, विद्यालय और माता-पिता के बीच में थी, इसलिए विद्यालय के प्रत्येक क्षेत्र में अच्छे परिणाम थे, शिक्षा के जैसे ही खेल और दूसरी गतिविधियों में। और दूसरी तरफ विद्यालय 'ब' में ये सारी बातें नहीं थी न कोई सहयोग, समपदस्थता थी, तो सभी क्षेत्रों में बेकार परिणाम था। इसलिए सारी अच्छी आदतें लाने की जरूरत है ओर आध्यात्मिक मूल्य ऐसा वातावरण ला सकते हैं।

इस प्रकार एक सही आध्यात्मिक रूप का अनुशासन पूरा विद्यालय बदल सकता है। यह सब विद्यालय के नेता पर निर्भर करता है जो प्रधानाचार्य है। यदि विद्यालय के प्रधानाचार्य आध्यात्मिक और सख्त अनुशासन प्रिय हो जाए, तो हम एक अच्छी प्रणाली विद्यालयों में देख सकते हैं।

10

विद्यालयों में आध्यात्मिकता का महत्त्व

जहां विद्यालय मानव की फैक्टरी है वहाँ मनोविज्ञान और मस्तिष्क भी उन्नत होते हैं। विद्यालय और महाविद्यालय वो रिसर्च केन्द्र है जो मानव शक्ति तैयार होती है। राष्ट्र के इन सभी संसाधनों में मानव शक्ति मुख्य और बड़ा संसाधन है। यदि हम यह इच्छा करते हैं कि हमारे सभी संसाधन पूरी तरह और ठीक तरह से उपयोग किए जाएं, तब हमें मानव शक्ति को महत्ता देनी चाहिए और यदि मानव शक्ति उन्नत आध्यात्मिम मूल्यों के साथ होगी तब हम पृथ्वी पर ही स्वर्ग जैसे जी सकते हैं।

एक शुद्ध और पूर्ण मानव आज के संसार में होना चाहिए । सारा संसार विलासी चीजों के पीछे पागल हो गया है। लोग किसी न किसी तरीके से धन चाहते हैं। मानवता के पतन का यह बहुत बुरा संकेत है। और यदि मानवों के बीच मानवता नहीं है तो हम एक आध्यात्मिक और संसार के बारे में जैसे सोच सकते हैं।

इसलिए विद्यालय एक पहला संगठन है जहाँ प्रत्येक बच्चा जाता है। विद्यालयों में उसे वास्तव में ढंग सिखाए जाते हैं कि उसे उसके जीवन में आध्यात्मिकता का महत्त्व जानना चाहिए। दूसरी ओर विद्यालयों को

गुरुकुलों में बदलना चाहिए दोबारा वहाँ कोई व्यापार धन के लिए न होकर सेवा के लिए होगा।

जैसे पारम्परिक रूप से मितव्यापी सेवा को अच्छाई के वर्ग में नहीं रखते थे। सेवा तो किसी भी कीमत पर आजाद होती थी। तब प्रश्न उठता है कि कैसे आर्थिकता और प्रगति बढ़ाई जाए।

यहाँ हमें प्रगति या आर्थिक उन्नति की परिभाषा बदलनी चाहिए। साधारणतया हम आय व्यय की उन्नति को कम खर्च में मापते हैं। यह प्रति व्यक्ति आय या प्रतिव्यक्ति उत्पादन या इससे राष्ट्रीय उत्पादन और राष्ट्रीय आय कुल धन की कीमत का कुल उत्पादन आर्थिक रूप से प्रति वर्ष में निश्चित होता है। लेकिन अध्यात्मक में आर्थिक रूप से राष्ट्रीय आय ऐस निश्चित हो जाती है जैसे कुछ धन का जमा वैसे-वैसे आध्यात्मिक मूल्य कुल उत्पादन का उतने समय में जो दिया गया है।

स्थिति शिक्षा (Case Study)–आधुनिक अर्थव्यवस्था में कुल उत्पादन लगभग एक करोड़ है। लेकिन आध्यात्मिक मूल्यों की कमी के कारण उत्पादन ठीक से बंट नहीं पाता कुछ हिस्सों में भ्रष्टाचार के कारण संग्रह कर्त्ताओं द्वारा संग्रह था और कुछ हिस्सों में कपटी प्रतियोगी एक दूसरे के कारण बेकार करते थे। इसलिए औसतन आर्थिक उन्नति (Growth) उत्पादन केवल 2% मापी गई थी।

उतने ही समय में आध्यात्मिकता का कुल उत्पादन केवल एक करोड़ का आधा था। लेकिन ईमानदारी की नीति में जब बांटी गई तो यह सभी वर्गों में बराबर बंटी थी और वहां कोई भ्रष्टाचार और संग्रह नहीं था। वहां अर्थव्यवस्था 10% से बढ़ी।

यह साफ है कि यदि विद्यालयो में प्रत्येक विषय एक दूसरे से सम्बंधित आध्यात्मिकता है तब निश्चित ही हम एक अच्छा संसार देख सकते हैं। यह सभी पीढ़ियों के लिए एक पाठ है कि हमें अपने बाद

एक अच्छा संसार छोड़ना चाहिए। यदि हम हमारी पीढ़ी को आध्यात्मिक संसार देंगे तो निश्चित ही वे भी दूसरों के लिए अच्छा संसार छोड़ने के बारे में सोचेंगे।

और यह कोई मुश्किल बात नहीं है, अपनी सोच को बदनने की जरूरत है। यह हमारा (Media World) संसार साधनों के द्वारा बदला जा सकता है। लेकिन हमारे संसार के साधन इतने अधिक पैसा कमाने वाला हो गया है कि सारे संसार का ढंग बदलने की जरूरत है।

11

कमजोर विद्यार्थी बनाम (Vs.) आध्यात्मिकता और खेल

यहां यह प्रश्न है कि विद्यार्थी कमजारे क्यों हैं? उसके सौ कारण हो सकते हैं। उसका जन्म, उसके माता-पिता, उसके चारों ओर का वातावरण, उसका सामाजिक दायरा, उसका भोजन, उसकी आदतें, उसका भाग्य, उसके शौक आदि।

लेकिन हमें कमजोर विद्यार्थियों के लिए कोई हल खोजना है यदि विद्यालय का वातावरण आध्यात्मिक है तब ऐसे विद्यार्थी नकारात्मक सोच नहीं रखेंगे और कमजोर नहीं होंगे। क्योंकि अध्यापक उन पर और माता-पिता से कभी शिकायत नहीं करेंगे उन्हें हतोत्साहित करने की बजाय प्रेरित करेंगी। और यह अपने आप बच्चे की स्थिति में चमक आएगी अर्थात् वह बुद्धिमान हो सकता है।

इसलिए विद्यालय एक ऐसा स्थान है जहाँ हम कमजोर और होशियार विद्यार्थियों में भिन्नता हट सकती हट सकती है। ज्यादा ध्यान बच्चे को ऊपर उठा सकता है। खेल भी विद्यालयों में कमजोर बच्चों की सहायता करते हैं।

शिक्षा नीति—विद्यालय 'अ' में यह पाया गया है कि वहाँ कोई भी ऐसा बच्चा नहीं है जो कमजोर हो। और जब सर्वे किया गया था, तो पाया गया कि आध्यात्मिक मूल्यों के कारण विद्यार्थियों को सभ्य बनाया

गया उनसे उस आध्यात्मिक विद्यालय का परिणाम सभी क्षेत्रों में उन्नत था। और विशेष खेल और शारीरिक शिक्षा की कक्षाओं में सभी के गुण इकट्ठे ऊपर उठते हैं।

यदि ढांचा बदला जाता है, तो इसका माप और कीमत भी बदलनी है, इसकी जरूरतें और आवेदनों को भी बदलने की जरूरत है तब यह आसान होगा और आध्यात्मिक संसार होना भी आसान होगा और शांति और वास्तविक प्रगति संसार में होगी।

यह कथन सत्य है कि यदि जीवन के आरम्भिक काल, अथवा बालवस्था में शारीरिक क्रियाओं को करने की आदत पड़ जाए तो वह पूरे जीवन के लिए एक आधार प्रदान करती है। आज हमारे देश में अधिक संख्या में ऐसे छात्र पाए जाते है जिन्हें विद्यालयों में पर्याप्त उपर्युक्त कार्यक्रम में भाग लेने के अवसर प्राप्त नहीं होते है। इससे छात्रों का स्वास्थ्य स्तर काफी हद तक प्रभावित होता है। इसी कारण छात्रों में पाई जाने वाली विभिन्न प्रकार की कमियों को पूरा करने के लिए कुछ खास प्रकार की क्रियाओं को प्रयोग किया जा सकता है। विभिन्न प्रकार की क्रियाएँ जीवन का आधार होती हैं और मनुष्य शरीर क्रियाओं के बिना स्वस्थ नहीं रह सकता।

शारीरिक तथा मानसिक क्षमताओं के लिए विभिन्न प्रकार की क्रियाओं को निरन्तर रूप से प्रयोग करने से छात्रों में पाई जाने वाली कमियों को काफी हद तक पूरा किया जा सकता है।

अध्यात्मिक मूल्यों तथा खेलों की सहायता से कमजोर छात्रों को अध्यात्मिक रूप से प्रबल बनाया जा सकता है। ऐसा करने के लिए उनमें विद्यमान क्षमताओं को उनके शरीर तथा मस्तिष्क में सही प्रकार से स्थापित किया जाता है।

इस प्रकार यह कहा जा सकता है कि अध्यात्मिकता तथा खेलों की

सहायता से एक कमजोर छात्र को सुदृढ़ बनाया जा सकता है। यदि छात्र का शरीर तथा मस्तिष्क स्वस्थ तथा प्रबल होंगे तो वह अपनी क्षमताओं को भली प्रकार से प्रयोग कर सकेगा। सभी छात्रों में भिन्न-भिन्न मात्रा में क्षमताएँ विद्यमान होती हैं, आवश्यकता होती हैं केवल उनमें आध्यात्मिक मूल्यों को विकसित अथवा प्रविष्ट करवाने की।

अध्यात्मिक मूल्यों तथा विभिन्न प्रकार के खेलों की सहायता से छात्रों में अधिक मात्रा में गति तथा शक्ति के गुणों को विकसित किया जा सकता है। यदि छात्रों को निरन्तर रूप से प्राणायाम तथा योगा की क्रियाओं का अभ्यास करवाया जाएं तो सुदृढ़ तथा कमजोर छात्रों में अन्तर समाप्त हो जाएगा। केवल इतना ही नहीं, विद्यालयों में कमजोर छात्रों का कोई वर्ग ही नहीं रह जाएगा।

अध्यात्मिकता तथा खेलों से छात्रों में लम्बी अवधि तक विभिन्न क्रियाओं को कर पाने की क्षमता उत्पन्न हो जाती है क्योंकि उससे वह शीघ्रता से थकते नहीं है। सहनशक्ति के विकसित होने से छात्र विभिन्न प्रकार की अध्यात्मिक तथा खेल गतिविधियों को कर पाते हैं जिससे उनमें आवश्यक गुणों तथा शरीर में धैर्य जैसे गुणों का विकास होता है। इससे छात्रों में लोच के गुण का भी विकास होता है जिससे वह अपने लचीले शरीर की सहायता से बहुत कुछ प्राप्त कर सकते हैं।

12

सत्यता बनाम (Vs.) आध्यात्मिकता और खेल

विद्यार्थी विद्यालय से भाग कर क्यों आते हैं? यह देखा गया है कि केवल निजी विद्यालयों में ही नहीं बल्कि सरकारी विद्यालयों में भी बच्चे विद्यालयों से भाग कर आ जाते हैं और अपनी हाजिरी लगवाने के बाद वे स्कूल से भागने का प्रयत्न करत्ते हैं। यह एक बड़ा वापिसी पिछड़ना (Drawback) का चिह्न है। लेकिन यह निश्चित रूप से हटाया जा सकता है। यदि उन विद्यालयों में जहाँ से विद्यार्थी आते हैं उन्हें आध्यात्मिक विद्यालयों में बदल दिया जाए।

कठोर अध्यापकों का भय, विद्यालय समय में फिल्म देखने की बुरी आदतें, ऐसा है कि माता-पिता इसके बारे में जानते। यह माता-पिता का (Role) बहुत जरूरी है।

इसके लिए 6 से 16 वर्ष की आयु के लिए होस्टलस आवश्यक (Compulsory) अनिवार्य होना चाहिए।

या दिन के होस्टलस लगभग उपलब्ध होना चाहिए विद्यालय समय से 8 से 8 होना चाहिए।

ऐसे मापदण्ड विद्यालयों में सत्यता सुधार सकती है। यदि शाम को

खेल विद्याथियों के लिए अनिवार्य कर दिए जाए, तो विद्यार्थियों की रुचि विद्यालय में रहने में हो जाएगी।

विद्यालयों में सत्यता के स्तर को बेहतर करने के लिए विभिन्न कदम उठाए जा सकते है। आध्यात्मिक मूल्य तथा शारीरिक क्रियाएँ छात्रों की विद्यालय में उपस्थित रहने की दर को सुधारने में सहायता करती है। अध्यापक कुछ निश्चित उद्देश्यों को निर्धारित कर सकते हैं और उन्हें खेल-विधि के माध्यम से प्राप्त करने का प्रयास कर सकते हैं। सामूहिक प्रयत्न तथा उद्देश्यों को प्राप्त करने के लिए छात्रों को समूहों अथवा वर्गों में विभाजित किया जा सकता है।

जब छात्रों में एक बार रूचि उत्पन्न हो जाती है तो वह कक्षा अथवा विद्यालय से दूर नहीं भागते। वह अपने प्रदर्शन स्तर को प्राप्त करने के लिए विद्यालय में ही रहना पसन्द करते हैं। विभिन्न प्रकार के प्रदर्शन स्तरों के लिए विद्यालय अन्दर तथा बाहर आयोजित की जाने वाली कई सुविधाओं की व्यवस्था कर सकता है। विद्यालय विभिन्न प्रकार के मनोरंजनात्मक केन्द्रों को स्थापित कर सकता है जिससे प्रथम कक्षा से बारहवीं कक्षा के सभी छात्र स्वयं को उन क्रियाओं के अनुरूप ढाल लें जो वास्तव में अध्यात्मिक है और जिनमें खेल क्रियाएँ सम्मिलित होती है।

यह क्रियाएँ छात्र को मानसिक रूप से, सामाजिक रूप से, प्रेरक रूप से अथवा सभी प्रकार से विकसित करने में सहायता करती हैं। योजनाबद्ध तरीके से निर्मित खेलों के कार्यक्रम छात्रों में प्रतिस्पर्धा की भावना तथा मार्गदर्शक बनने के गुणों को विकसित करते हैं। जिमनास्टिक, तैराकी तथा नृत्य करना कुछ ऐसी सामूहिक क्रियाएँ है जिनमें छात्र बड़ी संख्या में एक-साथ कार्य करते हैं जिससे वह एक-दूसरे की सहायता करना, सामूहिक रूप से समायोजन करना तथा समाज का एक

क्रियाशील हिस्सा होने के नाते आवश्यक समायोजन करने के गुणों को सीखता है। इस प्रकार की सामूहिक क्रियाओं के कारण एक छात्र में विभिन्न प्रकार के नैतिक गुणों का विकास होता है, जैसे-आत्म सम्मान, प्यार, अभिज्ञान, स्वीकार करना आदि। समूह में कार्य करने से उन्हें यह ज्ञान होता है कि किस प्रकार से समाज में व्यक्ति को एक-दूसरे की सहायता करनी पड़ती है और किस प्रकार से उन्हें एक-दूसरे के साथ विद्यालय में उपस्थित होकर रहना चाहिए।

विद्यालय में उपस्थित होना छात्रों की स्व:ऐच्छा से होना चाहिए। उन्हें इस बात को मानना चाहिए कि विद्यालय द्वारा व्यवस्थित की गई क्रियाओं के अलावा उनके लिए अन्य कोई मनोरंजन का साधन नहीं है। विद्यालय्र द्वारा व्यवस्थित क्रियाएँ इस प्रकार से आयोजित की जानी चाहिए कि उनमें भाग लेने के लिए विद्यार्थी स्वयं उत्सुक हो ना कि उनमें भाग लेने से बचने के लिए वह विद्यालय से ही अनुपस्थित हो जाएं। इसके लिए अध्यापकों तथा विद्यार्थियों का इच्छा के साथ कार्यक्रम में भाग लेना आवश्यक होता है। छात्रों के लिए अध्यापक कुशल आदर्श होता है परन्तु छात्रों में एक-दूसरे के लिए सम्मान की भावना का होना भी अति आवश्यक होता है। यह इसलिए आवश्यक होता है कि यदि छात्र कार्यक्रम में पूरी इच्छा या मन से भाग नहीं लेते तो छात्र भी क्रियाओं को कोई विशेष ध्यान नहीं देंगे। विद्यालय में अधिक समय तक उपस्थित रहने के लिए केवल अध्यापक ही छात्रों को प्रोत्साहित कर सकते हैं। इसलिए अध्यापक व्यवहार में आध्यात्मिक होने चाहिए क्योंकि केवल उसी स्थिति में वह इस प्रकार के कार्यक्रमों को आयोजित कर सकते हैं जो छात्रों को विद्यालय में अधिक समय तक उपस्थित रहने के लिए प्रोत्साहित कर सकें।

13

उग्र और शरारती बच्चे बनाम आध्यात्मिकता और खेल

आज के हमारे विद्यालय लगभग 60% बच्चे उग्र और ज्यादा शरारती होते हैं। ऐसे बच्चे बहुत तेज दिमाग के होते हैं परन्तु आराम और सुखसम्पन्न साधन जो उनके माता-पिता उन्हें घर पर देते हैं वो उन्हें अच्छा बच्चा नहीं बनने देता।

इसलिए यहाँ दोबारा आध्यात्मिक विद्यालय और दिन के छात्रावास ऐसे विद्यार्थियों को सुधार सकते हैं और उनका तेज दिमाग सृजनात्मक कार्यों के लिए सकारात्मक में बदला जा सकता है।

घर पर बच्चे टी.वी. कार्यक्रम सारा दिन देखते हैं और ये टी.वी. चैनल ज्यादा उग्र और कामुक कार्यक्रम दिखाते हैं ऐसा ही उन्हें पढ़ा रहे हैं और वो सीख रहे हैं। और इसका इल्जाम हम बच्चों को दे देते हैं। लेकिन वास्तव में हम अपने आप ही इसके लिए जिम्मेदार हैं।

इसलिए यदि माता-पिता और विद्यालय इसे बदलने का निश्चय करके ऐसा वातावरण लाए तभी केवल हमारे बच्चे आध्यात्मिकता की ओर केन्द्रित हो सकते हैं। चारो आरे ठण्डे और शांतिप्रिय वातावरण होना चाहिए। हमारे उन उग्र बच्चों के लिए जहाँ वो मनोवैज्ञानिक स्थिति में

प्यार का व्यवहार कर सकते हैं।

प्राय: यह देखा जाता है कि उग्र और शरारती बच्चों को विभिन्न प्रकार की मानसिक कठिनताओं का सामना करना पड़ता है। इन छात्रों का मस्तिष्क भली प्रकार से परिपक्व नहीं होता और इस स्थिति में भी इस प्रकार के छात्र मानसिक स्तर पर विभिन्न समस्याओं का हल निकालने का प्रयत्न करते हैं। इस प्रकार के छात्रों का व्यवहार सदैव आक्रमक होता है, वह बहुत जल्दी उत्तेजित तथा अरूचिकर हो जाते हैं।

इस प्रकार के छात्र बहुत भावुक होते हैं और वह बहुत उत्साही होते हैं। यदि उन्हें आध्यात्मिकता की सहायता से परिवर्तित किया जाए या उन्हें खेलों की क्रियाओं के प्रति प्रेरित किया जाए तो वह विभिन्न प्रकार के कठिन कार्यों को भी आसानी से कर सकते हैं।

उग्र तथा शरारती बच्चे भावनात्मक रूप से अव्यवस्थित होते हैं और उनमें मानसिक तथा शारीरिक क्षमताएँ एक सामान्य बच्चे से अधिक होती हैं। इसलिए इस प्रकार के बच्चों को नियंत्रित करने के लिए अध्यात्मिकता तथा खेल क्रियाएँ अच्छा साधन होती हैं।

यदि इस प्रकार के छात्रों का भली प्रकार से ध्यान न रखा जाए तो खतरनाक परिणाम प्राप्त हो सकते हैं। इसलिए इस प्रकार के छात्रों के अभिभावकों तथा शिक्षकों के पास उन्हें सही प्रकार से सुधारने का केवल एक ही उपाय है वो है अध्यात्मिक उपाय।

उग्र छात्र के अभिभावकों को बच्चे के साथ स्नेह तथा सहानुभूति के साथ व्यवहार करना चाहिए। अभिभावकों का कटु व्यवहार बच्चों पर बुरा प्रभाव डालेगा।

इस प्रकार के छात्रों के स्वास्थ्य की ओर अभिभावकों को पूरा-पूरा ध्यान देना चाहिए अन्यथा स्वास्थ्य कठिनाईयाँ अन्य प्रकार की कठिनाईयों, जैसे भावनात्मक तथा सामाजिक कठिनाईयों को विकसित कर सकती

हैं।

इस प्रकार के छात्रों से संबंधित सभी प्रकार की समस्याओं को हल करने में अभिभावकों को शिक्षकों को पूरा-पूरा सहयोग प्रदान करना चाहिए।

खेलों तथा शारीरिक क्रियाओं के कारण छात्र में कई प्रकार के प्रेरक गुणों का विकास होता है इसलिए इस प्रकार के छात्रों को खेलों में भाग लेने के लिए तथा योग की क्रियाओं को करने के लिए प्रोत्साहित किया जाना चाहिए। उन्हें नैतिक तथा धार्मिक शिक्षा भी प्रदान की जानी चाहिए। इस प्रकार की शिक्षा से उनका चरित्र निर्मित होता है और उन्हें मानसिक शांति भी प्राप्त होती है। अध्यात्मिक वातावरण से छात्र का सामाजिक व्यवहार भी प्रभावित होता है।

यदि इस प्रकार के छात्रों में आत्म सम्मान तथा आत्म विश्वास के गुणों को विकसित करना हो तो उन्हें खेलों की क्रियाओं तथा अध्यात्मिकता के वातावरण में ही रखना चाहिए।

14

अच्छाईयां बनाम (Vs.) आध्यात्मिकता

आध्यात्मिक विद्यालय अच्छाई फैलाने में सहायता करते हैं और जब अच्छाई फैलती है और बुराई डूबती है तब केवल हम वास्तविक प्रगति तक पहुँच सकते हैं। जब प्रत्येक व्यक्ति अपनी सीमा में खुशी महससू करता है तब केवल शांति और खुशहाली हर तरफ से आता है।

खुशहाली के बिना शांति की कोई कीमत नहीं है। यह संघर्ष और झगड़े जो हड़तालों और उग्रता को उत्पन्न कर देता है। उग्रता नाश लाती है और शांति निर्माण लाता है।

इसलिए यह हमारा चुनाव है कि हमें नाश की जरूरत है या निर्माण की। यदि हम जब गुस्सा दूर कर देंगे, और निराशा को भी तभी केवल हम आंतरिक शांति ला सकते हैं जो केवल आध्यात्मिक मूल्यों से लायी जा सकती है।

इसलिए विद्यालय मुख्य इकाई है अच्छाई की जिससे एक शक्तिशाली आध्यात्मिक राष्ट्र का निर्माण होगा।

अध्यात्मिकता तथा खेल प्रशिक्षण सदैव छात्रों के प्रदर्शन में परिवर्तन लाने के लिए प्रयोग की जाती है, यद्यपि यह सत्य है कि खेलों का प्रदर्शन विभिन्न घटकों पर निर्भर करता है। प्राथमिक स्तर पर, एक छात्र

का प्रदर्शन उसकी क्षमता पर निर्भर करता है जो उसके व्यक्तित्व का संतुलित संग्रहण होता है। परन्तु इस प्रकार के छात्रों को स्वंय की क्षमताओं को प्रदर्शित करने के लिए प्रशिक्षण की आवश्यकता होती है। खेलों में प्रशिक्षण एक व्यवस्थित प्रक्रिया होती है जो एक दीर्घावधि की होती है। यदि खेलों में प्रशिक्षण तथा उसकी रूपरेखा वैज्ञानिक तथ्यों पर आधारित हो तो कुशल परिणाम प्राप्त किए जा सकते हैं।

प्रशिक्षण में अध्यात्मिकता तथा खेल एक निरन्तर प्रक्रिया है जो वैज्ञानिक सिद्धान्तों पर आधारित होती है।

अध्यात्मिकता तथा खेलों की प्रक्रिया से संबंधित प्रशिक्षक को केवल उन्हीं क्रियाओं के प्रयोग पर बल देना चाहिए जिसमें छात्र की कम से कम शक्ति अथवा ऊर्जा की खपत हो परन्तु जिससे उन्हें अधिक से अधिक मात्रा में लाभ प्राप्ति हो। यहाँ लाभ से तात्पर्य छात्रों में शारीरिक क्षमता तथा धैर्य जैसे गुणों का विकास है।

यह एक सत्य तथ्य है कि एक छात्र विकास का अधिक समय विभिन्न स्तरों की शिक्षा तथा संस्थानों पर व्यतीत करता है। यही कारण है कि शैक्षिक संस्थानों को उन सभी तथ्यों में महत्त्वपूर्ण माना जाता है जो सामाजिक व्यवहार को निर्मित करने में भूमिका अदा करते हैं।

अध्यात्मिकता तथा खेल क्रियाओं का व्यवहारिक रूप में प्रयोग करने से छात्रों के बीच सामाजिक संतुलन को बनाए रखने के प्रयास किए जाते हैं। जब बच्चे अपनी दिनचर्या में अध्यात्मिक तथा खेल क्रियाओं को प्रयोग करते हैं तो उनका मानसिक तनाव कम हो जाता है जिससे वह स्वंय को सामाजिक समूह में व्यवस्थित रखने में सफल हो पाते हैं। उनमें मार्गदर्शन करने, शारीरिक क्षमताओं, लोकप्रिय होने की, दोस्ती, समायोजन, आत्म सम्मान, आत्म विश्वास, आत्म मूल्यांकन, मानवता, अनुशासन, निडर, कुशल दर्शन, समझदारी, कुशल व्यवस्था करना,

ईमानदारी, खुले विचार, आदि जैसे गुणों का विकास होता है।

इस प्रकार यह कहा जा सकता है कि अपनी पीढ़ी में अच्छे गुणों को विकसित करने के लिए, वातावरण में अध्यात्मिकता तथा खेल क्रियाओं को सम्मिलित करना अति आवश्यक है, जिसका दायित्व छात्रों के अभिभावकों तथा शिक्षकों का है।

15

खेल और योग बनाम (Vs.) आध्यात्मिकता

आध्यात्मिकता के लिए आसान और अच्छी पहुँच योग है। इसलिए खेल बिना योग के नहीं होना चाहिए। इसलिए योग का विद्यालयों में परिचय दिया जाता है लेकिन केवल कुछ ही विद्यार्थी योग में ठीक से कर पाते हैं। यह विद्यार्थी और अध्यापक दोनों के लिए अनिवार्य होना चाहिए।

कोई भी विद्यालय शिक्षा में अच्छे परिणाम नहीं दिखा दिखा सकता है। योग के द्वारा हम विद्यालयों में प्राणायाम भी पहुँचा सकते हैं।

प्राणायाम बहुत बीमारियों के लिए एक अच्छा योग है। इसके बाद एक शक्तिशाली और स्वस्थ राष्ट्र बन सकता है, यह बहुत जरूरी परिशिष्ट है हमारी योग और प्राणायाम की शिक्षा के लिए।

यदि हमारे विद्यालय में केवल खेल है, हम केवल प्रतियोगिता करेंगे और कोई सहयोग नहीं। प्रतियोगिता और सहयोग के लिए इस तरफ तक खेलों में योग और प्राणायाम आवश्यक है।

अध्यापकों और प्रधानाचार्य को इसके लिए प्रशिक्षण देना चाहिए आध्यात्मिक से सेमिनार और कार्यशालाएँ लगाकर प्रधानाचार्य और

अध्यापकों को उनसे सम्बंधित विद्यालयों और कक्षाओं में प्राणायाम सिखाना चाहिए।

योग भारतीय संस्कृति का एक स्थायी आधार रहा है और यह भारतीय धर्मों में निरन्तर रूप से प्रयोग की जाती है। कुछ मनौवैज्ञानिक खेलों में आक्रमण की चर्चा करते हैं। विभिन्न कारणों से खेलों में आक्रमण के तथ्य पर विचार करना आवश्यक है। सामाजिक वैज्ञानिकों ने यह मत दिया है कि खेल समाज का प्रतिबिम्ब होते हैं। यही कारण है कि खेलों को विशाल समाज का लघु ब्रह्मांड कहा जाता है। यदि ऐसा है तो खेल क्रियाओं में उत्तेजित व्यवहार इतनी अधिक मात्रा में या तीव्रता से देखे जा सकते है कि उनकी और सरलता से ध्यान चला जाता है। यह प्रश्न पैदा होता है कि क्या उत्तेजित व्यवहार केवल कुछ ही खेलों से संबंधित है? अथवा सभी खेल क्रियाएँ इस प्रकार के व्यवहार पर आधारित हैं? कभी-कभी यह पाया जाता है कि उत्तेजित व्यवहार का खेलों में भाग लेने वाले छात्रों पर अच्छा प्रभाव पड़ता है। केवल वह अपनी उत्तेजना या उत्साह के कारण ही विजय को ग्रहण करते हैं।

परन्तु छात्रों को अपनी उत्तेजना को समाप्त करने के लिए कहा जाता है जिसके लिए विभिन्न प्रकार की अध्यात्मिक क्रियाओं को प्रयोग किया जाता है। इस प्रकार यह कहा जा सकता है कि बच्चों के लिए खेल बिना अध्यात्मिकता के अधूरे हैं क्योंकि यह बच्चों में आत्म-नियंत्रण तथा खिलाड़ीपन के गुणों को विकसित करते हैं नाकि शत्रुतापूर्ण तथा आक्रामण करने के गुणों को।

इस प्रकार खेलों तथा अध्यात्मिक क्रियाओं में भाग लेने वाले छात्रों का व्यक्तित्व सभी पहलुओं से विकसित होता है। विभिन्न प्रकार के अध्ययन किए गए है जिसमें उन छात्रों को सम्मिलित किया गया जो अध्यात्मिकता तथा खेल क्रियाओं में भाग लेते है और वह छात्र जिन्होंने

कभी भी इस प्रकार की क्रियाओं में भाग नहीं लिया। यद्यपि ऐसा प्रतीत होता है कि अनुसंधानकर्ताओं द्वारा एक ही प्रकार की शोध प्रणाली प्रयोग की गई है।

इन शोधों से बहुत ही स्पष्ट परिणाम प्राप्त हुए हैं कि आध्यात्मिक तथा खेल क्रियाओं में भाग लेने वाले छात्र बहुत सामाजिक होते हैं, वह मानसिक रूप से स्वस्थ होते हैं, उनका प्रदर्शन कुशल होता है, उनमें उच्च स्तरीय उत्सुकता होती है और उन्हें सफल माना जाता है जबकि वह छात्र जिन्होनें कभी भी खेल क्रियाओं तथा आध्यात्मिकता की क्रियाओं में भाग नहीं लिया उनमें सामाजिकता के गुणों की कमी होती है, उनका प्रदर्शन स्तर असंतुष्ट होता है और वह असफल माने जाते हैं।

इस प्रकार खेल तथा योग जीवन में खुशियाँ तथा स्वास्थ प्रदान करते हैं तथा खेल, योगा तथा आध्यात्मिकता, तीनों मिलकर कुछ ऐसे प्रभावकारी तरीके या राहें प्रदान करते हैं जिनसे व्यक्ति स्वास्थ्य, आराम, मानसिक ताकत तथा मानसिक शांति प्राप्त कर सकता है। इन्हें व्यवहार में लाने से व्यक्ति कुशल रूप से जीवन व्यतीत कर पाता है, उसका मस्तिष्क शांत तथा तनावरहित महसूस करता है तथा वह अपनी भावनाओं पर नियंत्रण कर पाता है।

16

शारीरिक शिक्षा बनाम (Vs.) आध्यात्मिकता

पिछली बार शारीरिक शिक्षा केवल खेलों में बताई जाती थी लेकिन खेल-कूद कुछ और उद्देश्यों के लिए भी महत्व रखते हैं।

लेकिन, अब यह विद्यालयों में जैसे दूसरे विषयों की तरह एक अलग विषय के रूप में परिचित कराया जाता है, हम इसका आधुनिक अर्थ और महत्त्व विद्यार्थी जीवन में जानते है। वैसे ही इस क्षेत्र में चरित्र निर्माण में सुअवसर भी महत्त्वपूर्ण हो गये हैं। बीते हुए वो विद्यार्थी जो पढ़ने में अच्छे थे, वे होशियारों की गिनती में थे, लेकिन अब इन दिनों उनकी ऐसी स्थिति नहीं है। होशियार विद्यार्थी को पहले खेलों में अधिक महत्त्व और अधिक सुअवसर प्राप्त थे।

यह विष्य है जो तुम्हें तुम्हारा अपने जीवन की सत्ता का ज्ञान देता है। हम हमारी शारीरिक स्थिति से पूर्णतया स्वस्थ रहना सीखते हैं। हम आज के तीव्र और क्षय रोग से सर्म्बंधित जीवन का योग धारण नहीं कर सकते और यदि हम आध्यात्मिक नहीं है, हम जीवन में शांति और संतुष्टि का आनन्द नहीं ले सकते इसका अर्थ है शारीरिक शिक्षा और

आध्यात्मिक शिक्षा इधर से उधर जानी चाहिए।

एक शारीरिक रूप से चुस्त व्यक्ति गहरा सोच सकता है। आध्यात्मिक मूल्यों के बारे में। जैसे कि कहा गया है कि एक स्वस्थ शरीर में ही स्वस्थ मस्तिष्क का निवास होता हे। शारीरिक शिक्षा भी एक स्वस्थ शरीर देगी और आध्यात्मिक शिक्षा भी हमें एक स्वस्थ मस्तिष्क शुद्ध और ठीक सोच देगा।

हमारा शरीर पांच तत्त्वों से बना है–पृथ्वी, जल, अग्नि, वायु और आकाश और ये सभी जीवन रूपी बैटरी प्रकाश रूपी जीव के द्वारा शासित होते हैं। हमारे शरीर में ये तत्व एक सही संतुलन में रहते हैं, हमें किसी तत्त्व की अधिकता स्वास्थ्य की समस्याएं पैदा कर कसता है।

इनमें संतुलन रखने का एक महत्त्वपूर्ण तरीका प्राणायाम है। हमारे ऋषि-मुनियों के द्वारा प्राणायाम को एक योग का ही परिचय दिया हैं वो बहुत लम्बे-लम्बे समय तक प्राणायाम को प्रतिदिन अभ्यास करने से ही जीवित रहते थे।

प्राणायाम, आध्यात्मिकता का एक मुख्य औजार है। इसलिए शारीरिक शिक्षा और आध्यात्मिक शिक्षा एक दूसरे के परिशिष्ट और क्षतिपूरक है।

यदि एक व्यक्ति अच्छा शारीरिक स्वास्थ्य रखता है लेकिन उसके पास अच्छा आध्यात्मिक स्वास्थ्य नहीं है, तब शारीरिक स्वास्थ्य बहुत जल्दी नष्ट हो जाएगा। कोई भी स्वस्थ व्यक्ति नहीं होगा क्योंकि वो आध्यात्मिक रूप से बीमार हैं वह बुरी आदतों में पड़ सकता है जो उसे कभी भी स्वस्थ व्यक्ति लम्बे समय तक नहीं रहने देगा।

इसलिए वहां सह-सम्बंध बहुत जरूरी है। विज्ञान के अनुसार मानव शरीर पृथ्वी पर 5 करोड़ वर्ष पहले पैदा हुआ था। यह महान आश्चर्य की बात है। यह खोजने का प्रबंध है, जो मशीन वर्तमान के मशीन युग

को हमारे शरीर में स्थान देगा सृजन के द्वारा। ये सभी नाजुक है लेकिन शक्तिशाली मशीने बिना रूके 100 वर्षों तक और अविश्वसनीय कार्य के रूप में काम कर सकती है,

इस प्रकार हम निष्कर्ष निकाल सकते हैं कि मानव शरीर को दोनों तरह की शरीरिक और आध्यात्मिक रक्षा की आवश्यकता है।

शारीरिक शिक्षा तथा आध्यात्मिक शिक्षा सम्पूर्ण शिक्षण प्रक्रिया का एक महत्त्वपूर्ण भाग है। इन दोनों के उद्देश्य समान है। नैतिक तथा चरित्र निर्मित करने के उद्देश्य के संदर्भ में यह कहा जा सकता है कि शिक्षा प्रक्रिया के विचारक इसे शिक्षा का सबसे महत्त्वपूर्ण उद्देश्य मानते हैं। विद्यालीय निर्देशों तथा अनुशासन का एक मुख्य उद्देश्य छात्रों के चरित्र को निर्मित करना होता है।

शिक्षा के उद्देश्य के रूप में संस्कृति को स्वीकार करना कुशल तथ्य को जानना है जो पहले समय में महत्त्वपूर्ण समझा जाता था। इस प्रकार संस्कृति के लिए शिक्षा का मुख्य उद्देश्य सोचने के लिए आवश्यक जानकारी तथा आदतों को प्रोत्साहित करना तथा उन्हें बनाए रखना होता है जो मानव के व्यक्तित्व को सुन्दर बनाए तथा मानव के जीवन में शिष्टाचार के गुणों को विकसित करें।

शारीरिक शिक्षा तथा अध्यात्मिक शिक्षा का एक मुख्य उद्देश्य होता है सभी छात्रों का एक-समान विकास। इसका अभिप्राय होता है सही प्रकार से संतुलित व्यक्तित्व को विकसित करना। यह मानव की शारीरिक, बौद्धिक, नैतिक तथा आध्यात्मिक मूल्यों को एक-साथ विकसित करके किया जाता है।

सम्पूर्ण शिक्षा का मुख्य उद्देश्य मानव की आध्यात्मिक मूल्यों को विकसित करना होना चाहिए। अध्यात्मिक विकास से मानव की आत्मा तथा मस्तिष्क को वास्तविक शक्ति प्राप्त होती है।

आध्यात्मिक शिक्षा तथा शारीरिक शिक्षा से हमारी राष्ट्रीय संस्कृति में को भी नया रूप प्राप्त होता है। सभी पीढ़ियाँ सांस्कृतिक प्रतिरूप की प्रक्रिया में उपस्थित होती है और वह अपने से पिछली पीढ़ी से संस्कृति तथा सांस्कृतिक प्रतिरूप ग्रहण करती हैं और उन्हें अपने वर्तमान अनुभव की सहायता से प्राप्त ज्ञान के साथ जोड़कर उन मूल्यों को परिवर्तित करने का प्रयत्न करते हैं जो समाज के प्राणियों के व्यवहार को निर्देशित करते हैं। सभी छात्र तथा युवा पीढ़ी उसी संस्कृति को ग्रहण करते है जो उन्हें उनके परिवार तथा शैक्षिण संस्थान द्वारा प्रदान की जाती है।

खेलों तथा आध्यात्मिकता द्वारा प्राप्त होने वाले विभिन्न लाभों का वर्णन कई हिन्दु ग्रंथों में किया गया है। हिंदु रहस्यवादी के लिए जीवन का मुख्य उद्देश्य स्वंय को ब्रह्म में विलिन कर देना होता है, जो जीवन को व्यतीत करने के लिए एक आधार है। इस विलिन करने की क्रिया के लिए संस्कृत तथा योग की भाषा में प्रयोग किए जाने वाला शब्द है–समाधि। इससे कर्ता तथा कर्म में पाई जाने वाली द्विविधता समाप्त हो जाती है साथ ही साथ सामान्य विवेक की स्थिति में समझाने वाले तथा समझने वाले के बीच पाई जाने वाली द्विविधता की भी समाप्ति हो जाती है। इस प्रकार यह कहा जा सकता है कि शारीरिक शिक्षा स्वास्थ्य प्रदान करती है जबकि अध्यात्मिक शिक्षा सुख–शांति प्रदान करती है।

17

आध्यात्मिक सोच

आध्यात्मिक सोच उत्पन्न करने के लिए आध्यात्मिक सेमिनार और कार्यशालाएं लगाने की आवश्यकता है, क्योंकि विद्यालय प्रधानाचार्य और कर्मचारियों (Staff) द्वारा चलाए जाते हैं। यह वे अपने आप में आध्यात्मिक व्यक्ति है, तब वे ही केवल अपने विद्यालयों को आध्यात्मिक विद्यालय में बदल सकते हैं। क्योंकि सरकारी विद्यालय दो परियों (Shift) में चलाए जाते हैं। लड़कियों का विद्यालय सुबह की पारी में और लड़कों का विद्यालय शाम की पारी (Shift) में चलाया जाता है। वहां उनके बीच में कोई सहयोग नहीं होता। यह ही एक बड़ी समस्या इन दिनों है।

इसलिए आध्यात्मिकता के व्यवहारिक आवेदन के लिए जीवन में इसे सिखना बहुत जरूरी है। सेमिनार और कार्यशालाएं लगाने के लिए निम्नलिखित को समावेश करने का ध्यान रखना चाहिए–

1. आध्यात्मिकता का अर्थ।
2. विद्यालयों में आध्यात्मिकता का महत्त्व।
3. आध्यात्मिकता के उद्देश्य।
4. आध्यात्मिक मूल्य।
5. प्राणायाम बनाम (Vs.) आध्यात्मिकता।

6. शिक्षा और आध्यात्मिकता के बीच सह-सम्बंध।

7. आध्यात्मिकता के अच्छे परिणाम।

8. आध्यात्मिकता का सख्त और अच्छा अनुशासन।

9. आध्यात्मिक सजा।

10. प्रधानाचार्य और अन्य अधिकारी गण (Staff) के बीच आध्यात्मिक सम्बंध।

11. विद्यालय और माता-पिता के बीच में अच्छे सम्बंध।

12. विद्यार्थी और अध्यापकों के बीच आध्यात्मिक सम्बंध।

विद्यालय में चारो तरफ आध्यात्म को बढ़ावा विद्यालय की सभी क्षेत्रों में प्रगति को बढ़ाएगा।

भाग्य बनाम (Vs.) कार्य

(यह लेख आध्यात्मिक सोच के पक्ष में लिखा गया है।)

क्या तुमने अपने आप से कभी प्रश्न किया है कि भाग्य क्या है और कर्म क्या है?

हम भाग्य के बारे में बात करते हैं, हे भगवान! वह (लड़की) या वह (लड़का) कितना भाग्यावान है। हम यह भी कहते है कि यह भाग्यवान व्यक्ति कितने अच्छे कर्म करके आया है जो इस प्रकार का अच्छा भाग्य हैं जब हम यह बात करते हैं तो हमें सम्बंध के बारे में गहरा सोचना चाहिए कि क्या भाग्य और कर्म के बीच सम्बंध है। और साथ ही हमें यह सोचना चाहिए कि जीवन क्या है? कैसे हम इसे प्राप्त कर सकते हैं।

यहां इस प्रश्न का पूर्ण और वैज्ञानिक उत्तर है जिसमें वो हमारी पवित्र पुस्तक गीता है जो यह कहती है कि हम मुख्यत: आत्मा है इस प्रकार जीवन एक आत्मा है और हमारा शरीर उसका केवल बाहरी आवरण है। आत्मा का यह बाहरी आवरण हर जन्म में बदलता रहता है। इसलिए जब हम जीवन के बारे में सोचते हैं तो हमें सोचना चाहिए कि जीवन एक लगातार होने वाली प्रक्रिया है। भूत में यह एक अलग बाहरी आवरण आत्मा पर था और बाहरी आवरण आत्मा पर था और वर्तमान में यह दूसरी है और भविष्य में इसी तरह दूसरा प्राप्त हो जाएगा जिसे संत लोग 'चोला' कहकर पुकारते है। 'चोला' जो हमारे जन्म के पहले के बीते जीवन का परिणाम है और चोला जो हम अब पहले है वो हमारे पिछले जीवन के कर्मों का परिणाम है।

इसका अर्थ है कि यह सीधा आगे ले जाने वाला सत्य है कि हम

अपने वर्तमान भाग्य या किस्मत के स्वयं निर्माता है। जमा रूप में हमारा वर्तमान जीवन प्रभावित है हमारे वर्तमान कर्मों से। इस प्रकार हम यदि अच्छे है तो निश्चित ही अच्छा जन्म देगा। लेकिन सब तरफ दुख या बुरे दिन हमारे है जो हमें किस्मत को इल्जाम नहीं देना चाहिए। यह तो इसलिए है क्योंकि हमने हमारे पीछे के कर्म बुरे किये है। इसलिए हमें चाहिए कि अच्छे कर्म करें ताकि अगले जन्म में दुखी न हो।

यह एक भ्रम नही है। यह सौ फीसदी वैज्ञानिक और सही है। हमें भगवान से प्रार्थना करनी चाहिए की वो हमें अच्छे लोगों का साथ दें, हमें सत्संगों में जाने का सुअवसर दें जब हम एक लम्बे समय तक सत्संग सुनेंगे तो हम इस कर्म के सिद्धान्त में विश्वास कर पाएंगे।

भगवान कृष्ण ने भी यही संदेश सारे संसार को गीता के माध्यम से दिया। भगवान राम श्री यही संदेश सारे संसार को अपने जीवन में त्याग द्वारा आध्यात्मिक मूल्यों के लिए दे गए।

अब यहां मुख्य बात यह समझने की है कि हमारा भगवान से सम्बंध प्राकृतिक है और हमारा संसार से संबंध अप्राकृतिक। लेकिन यह दीन स्थिति है कि हम हमारा भगवान से सम्बंध सहन नहीं करते हैं और हमारे अप्राकृतिक सम्बंध के लिए रोते-चिल्लाते हैं। जबकि हम जानते हैं कि क्या वास्तविक या अंतिम सच्चाई है कि एक दिन हमें मरना है और कोई भी सांसारिक सम्बंध हमारी सहायता नहीं कर सकता, केवल हमारे अच्छे कर्म सहायता करेंगे। ये सब जानकर भी कैसी अजीब बात है कि हम भगवान को शिकायत करते हैं कि यह तुम्हारी माया है जिसमें मैं अपने को और अपनी चेतना को खो बैठता हूँ।

इसलिए केवल अच्छे लोग, लोग और लोग भगवान और आदमी के बीच इस सम्बंध को समझ सकता है। इसलिए वो अपने सारे कर्त्तव्य पूरा करता है लेकिन अपने आपको अप्राकृतिक सम्बंधों में शामिल नहीं

करता। वो वास्तविक रूप में केवल परमात्मा में विलीन होते हैं, सृजक के साथ, केवल शक्ति के साथ।

यह इस वाक्य में वणित किया गया है–''यदि हम हमारा कर्त्तव्य निष्कपटता से करते हैं, तब ही केवल भगवान हमें आध्यात्मिकता पवित्रता देगा''। अब एक कटु सच है जो हम जानते हैं कि ''भगवान हर तरफ हैं।'' और हम अपने आस-पास प्रत्येक जगह और प्रत्येक समय एक बड़ी शक्ति को महसूस करते हैं। पृथ्वी के वो सभी लोग जो हमेशा दिमाग में भगवान की उपस्थिति के लिए शक रखते हैं, वो भी परमात्मा के पास नहीं जा सकते। वे सोचते हैं कि संसार अचानक (Bychance) और परमात्मा नहीं है। लेकिन एक या दूसरे दिन उन्हें विश्वास करना पड़ेगा कि विश्व केवल भगवान के द्वारा है। अच्छे लोग हमेशा उस रास्ते पर चलते है। जो भगवान ने दिखाया है और वो भगवान द्वारा पसन्द किया जाता है।

क्योंकि जीवन एक लगातर प्रक्रिया है। जब एक जीवन का अन्त होता है, तब एक नया जन्म होता है लेकिन भगवान के पास वो शक्ति नहीं है कि वो मानव को उसका नया जन्म चुनकर करा सके। यह तो उनके कर्म है जो अगले जीवन को निश्चित करते हैं।

एक वो ही इस कार्य को जान सकता है और देख सकता हैं जो पूरी और गहरी सोच आध्यात्मिक पथ और मूल्यों के बारे में रखता है। इसलिए उसको ज्ञान चक्षु से देखना चाहिए और जिसके पास ज्ञान है वो जानता है कि किस तरह से पांच बड़े मानवता के शत्रु आते हैं और वे काम, क्रोध, लोभ, मोह और अहंकार है।

संसार की सभी पवित्र पुस्तकों में मानवता के इन शत्रुओं के बारे में बताया गया है। ये सभी बुराइयां अच्छाइयों को हटाकर बुराई स्थापित करने का प्रयत्न करती है। लेकिन आध्यात्मिकता एक ऐसा औजार है

जो मानव के हाथ में है और बुराईयों से लड़ता है।

जब आध्यात्मिकता से बुराई नष्ट होगी तब हम हमारे चारो ओर व अपने अन्दर परमात्मा को अनुभव करेंगे। वहां बाहर संसार में उसको तलाशने की जरूरत नहीं होगी।

हम भगवान को देख सकते हैं, महसूस कर सकते हैं उसकी उपस्थिति का अनुभव कर सकते हैं। इसके लिए पूरे ध्यान, पूर्ण सम्मिलित (समर्पण), पूरी पूजा, पूरा केन्द्रन प्राकृतिक सम्बंधों अर्थात भगवान के लिए चाहिए। यह इतना अज्ञात नहीं है। लेकिन वो सभी जो उसे (God) से तलाशते है। वे उसको प्राप्त कर लेते हैं।

यह सत्य है कि हम इस मानव शरीर को चौरासी लाख जन्मों के बाद पाते हैं। इसलिए हमें इसे बेकार नहीं करना चाहिए। आध्यात्मिकता के द्वारा हमें सही रास्ते का अनुसरण करना चाहिए और दूसरों को भी यही रास्ता दिखाना चाहिए।

आध्यात्मिक अदालतें

जैसा कि हम अच्छी तरह से जानते हैं कि सभी प्रकार के झगड़े सारे संसार के लोगों के बीच होते हैं।, एक वेतन का बड़ा हिस्सा अदालतों में मुकदमा लड़ने में चला जाता है। यहां इसके लिए हम एक आध्यात्मिक हल निकालते हैं और सम्मति के द्वारा उनके झगड़े बिना पैसा खर्च किये निपटाए जा सकते हैं। इसका एक ताजा उदाहरण हैं कि 20 घंटे एक (Legal Clinic) गुजरात के अहमदाबाद में ग्रेट मिस्टर जे. एन. मट्ट, एक सीनियर जज अहमदाबाद के हाईकोर्ट ने बनाई।

यह गरीब लोगों के लिए धन की बचाब करने में सफल रही है। वे

एक मोबाइल कोर्ट भी शुरू कर चुके हैं। क्या यह कार्य ईनाम का पात्र नहीं है। हां, वास्तव में है लोग जो इस अदालत में कार्य कर रहे थे वो केवल वकील या जज नहीं हैं, लेकिन एक बड़ी संख्या में रिटायर जज, डॉक्टर, प्रोफेसर, अध्यापक, उद्योगपति, इंजीनियर और कई दूसरे हैं जो सामाजिक कार्य करने के इच्छुक हैं। वो अपनी सेवा इस अदालत में करते हैं। यह अदालत आध्यात्मिकता में ऊंची पहुंच का एक उदाहरण है। ये सभी पेशेवर आध्यात्मिक सम्मति से एक बड़ी संख्या में बिना लोगों से पैसा लिए झगड़ों का निपटारा करते हैं। यह अदालत 24 घंटे कार्य करती है।

यहां प्रश्न है? क्यों हम इस तरह की अदालते सारे संसार में नहीं देख सकते हैं। इस तरह की आध्यात्मिक अदालते सौ फीसदी लोगों की समस्याएं भी देश में हल कर सकती है।

एक और उदाहरण गुजरात के अहमदाबाद में देखा जा सकता है। और वह D.R.T (अहमदाबाद) के श्रीमान विजय वर्मा (जज D,.R.T के) काफी संख्या में मुकदमें सुलझाए और गुजरात बैंक की मात्राओं में वृद्धि की। लोक-अदालतों की सहायता से यह काम सफल हुआ। इस प्रकार लोक-अदालतों की थोड़ी-सी भिन्न पहुंच होती है लेकिन झगड़े भी पहले ही स्थिर हो (सुलझ) जाते हैं दोनों पक्षों की सर्वसम्मति से।

इसलिए हम कह सकते हैं कि जब वहां कोई आर्थिक झगड़ा नहीं है, एक राष्ट्र ज्यादा आसानी से प्रगति कर सकता है। और यह केवल तब प्राप्त किया जा सकता है जब लोगों की सोच आध्यात्मिक हो। आध्यात्मिक सोच अकेले व्यक्ति की रुचि के बजाय सामाजिक प्रगति को बढ़ावा देता है।

हमें उत्तम कारण जीने के लिए मनुष्य जाति से प्रेम करने का निमित्त जीने के लिए आध्यात्मि निर्मित्त जीने के लिए जानना चाहिए।

आध्यात्मिकता बनाम (Vs.) स्व:नियंत्रण

स्व:नियंत्रण का अर्थ है–आपकी कुल व्यक्तित्व की वृद्धि पर नियंत्रण। दूसरे शब्दों में इसमें खाने, सोने, बोलने, पर नियंत्रण और तुम्हारे गुस्से, लालच, इच्छाओं आदि पर निंयत्रण शामिल होता है। हमारे पास एक से बढ़कर एक व्यक्तित्व है यदि हम इस पर नियंत्रण रखते हैं।

यह देखा गया है कि आध्यात्मिक व्यक्तियों में स्व:निंयत्रण का प्रतिशत ज्यादा ऊंचा होता है। ऐसा है क्योंकि एक आध्यात्मिक मानव सारे अच्छे गुणों से बना है और स्व:नियंत्रण उनमें से एक है। सिवाय यह कि अच्छे स्वास्थ्य के लिए यह अच्छा है या हम कह सकते हैं कि एक स्वस्थ्य शरीर और एक स्वस्थ मस्तिष्क ही केवल स्व:निंत्रण कर सकता है। दूसरी ओर एक अन–आध्यात्मिक व्यक्ति के लिए स्व:नियंत्रण पर आधारित है।

यदि स्व:निंत्रण के बारे में विद्यालय में पहले से ही (शुरू से ही) पढ़ाया जाए तो सौ प्रतिशत पक्का है कि अपराध और भ्रष्टाचार कम होंगे। एक व्यक्ति बिना स्व:नियंत्रण के दूसरों के लिए एक जंगली और खतरनाक बन जाएगा। हमारे आज के समाज में हम देखते हैं कि समस्याएं उनमें बढ़ रही है जिनमें स्व:नियंत्रण की कमी है।

इसलिए आज के बच्चों के लिए यदि माता–पिता घर पर उनके उदाहरण बने और अध्यापक स्कूल में तब ही वो अपने बच्चों और विद्यार्थियों से स्व:नियंत्रण की अपेक्षा कर सकते हैं।

लेकिन साधारणतया हम देखते हैं कि माता-पिता और अध्यापक असहिष्णु हैं और उनमें स्व:नियंत्रण नहीं होता। इसलिए यह अध्यापकों और अभिभावकों को आध्यात्मिक सेमिनार और कार्यशालाएं लगाने की जरूरत है। जैसे प्रत्येक स्व:नियंत्रण के बारे में जानता है, लेकिन हमारे प्रतिदिन के जीवन में कैसे लाया जाए, ये केवल कुछ वे ही लोग जानते हैं जो आध्यात्मिक है।

स्व:नियंत्रण स्व:अनुशासन, स्व:प्रेरक, स्व: सम्मति, स्वनिर्णय, स्व: आत्मविश्वास आदि को बढ़ावा देता है। इसलिए स्वनियंत्रण आदि को लाने के लिए व्यक्तित्व को आध्यात्मिक होना पड़ेगा।

इस पुस्तक "खेल और आध्यात्मिकता" के निष्कर्ष रूप में मुझे कहना चाहिए कि सारे संसार में दो-तिहाई सुरक्षा है जैसे-शारीरिक सुरक्षा वैसे ही आध्यात्मिक सुरक्षा। तभी मानव और मानवता दोनों ज्यादा लम्बे समय तक जी सकेंगे। साधारण रूप में हम कह सकते है कि इन दिनों औसतन आयु 50 साल से 60 साल है। लेकिन जीवन में खेल और आध्यात्मिकता को अपनाने के बाद हम हमारी औसत आयु सीमा को 50 वर्षों से ज्यादा बढ़ा सकते हैं। खेल और आध्यात्मिकता के साथ हमें दवाईयों की जरूरत कम होंगी और एक प्राकृतिक सुरक्षा हमें एक दिव्य लम्बा जीवन देगी।